설교를 말하다

설교를 말하다

지은이 | 이규현
초판 발행 | 2020. 11. 11
2쇄 | 2023. 1. 5
등록번호 | 제1988-000080호
등록된 곳 | 서울특별시 용산구 서빙고로65길 38
발행처 | 사단법인 두란노서원
영업부 | 2078-3352   FAX | 080-749-3705
출판부 | 2078-3331

책값은 뒤표지에 있습니다.
ISBN 978-89-531-3894-0 04230
       978-89-531-3895-7 04230(세트)

독자의 의견을 기다립니다.
tpress@duranno.com   www.duranno.com

두란노서원은 바울 사도가 3차 전도여행 때 에베소에서 성령 받은 제자들을 따로 세워 하나님의 말씀으로 양육하던 장소입니다. 사도행전 19장 8-20절의 정신에 따라 첫째 목회자를 돕는 사역과 평신도를 훈련시키는 사역, 둘째 세계선교(TIM)와 문서선교(단행본·잡지) 사역, 셋째 예수문화 및 경배와 찬양 사역, 그리고 가정·상담 사역 등을 감당하고 있습니다. 1980년 12월 22일에 창립된 두란노서원은 주님 오실 때까지 이 사역들을 계속할 것입니다.

설교를
말하다

이규현
지음

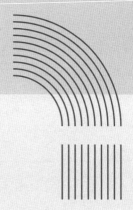

목회자들은 스스로에게 "나는 행복한 설교
자인가?"라는 질문을 해 봐야 한다. 누가
복음을 전하는가? 기쁨을 먼저 발견한 사
람이다. 기쁨을 누리고 있는 사람이 그 기
쁨의 소식을 전하는 것이다.

40th
두란노

강단의 회복이
교회의 미래입니다

설교는 목회자에게 가장 영광스러운 사역인 동시에 가장 큰
부담을 느끼는 영역이기도 합니다. 설교한 이후 기쁨을 누릴 때
도 있지만 절망할 때가 많습니다. 꽤 오랫동안 설교를 해 왔지만
여전히 높은 산처럼 설교의 정상이 어디인지 알 길이 없습니다.

목사라면 누구나 설교를 잘하고 싶다는 염원을 가지고 있습니
다. 하지만 그것이 결코 쉽지 않다는 것도 알고 있습니다. 지금까
지 설교를 하면서 만족을 느껴 본 경험이 거의 없습니다. 설교가
끝나면 늘 복기를 하는데, 그때마다 늘 아쉬움이 밀려옵니다. 그
럼에도 목사에게 설교는 거부할 수 없는 거룩한 부르심이요 놓치
고 싶지 않은 특권입니다. 사역을 하는 동안 하나님은 연약한 설
교자를 통해서도 일하심을 경험하고 있습니다. 부족하지만 그럼
에도 하나님의 말씀이 전달될 때 놀라운 일들이 일어나는 것을
보아 왔습니다.

목사에게는 설교할 때가 가장 행복한 시간입니다. 설교를 잘

하지는 못해도 설교 준비는 저에겐 무척이나 가슴이 뛰는 일입니다. 설교에 귀를 기울일 성도를 생각하면, 설교를 듣고 힘을 얻을 청중을 생각하면 설렙니다. 생명을 다해 전할 복음을 가지고 있다는 것은 설교자의 행복입니다. 부르다가 죽어도 좋을 이름을 외칠 수 있다는 것이 웬 은혜입니까! 말씀을 듣는 청중이 한 명이라도 앞에 앉아 있다는 것은 가슴 벅찬 행복입니다. 무엇보다 말씀을 들은 청중 안에 영적 변화가 일어나는 것을 목격할 때 밀려오는 기쁨은 어떤 단어로도 표현할 길이 없습니다.

하나님의 말씀을 대언한다는 것은 아무리 생각해도 황홀한 일입니다. 설교자가 경험하는 축복은 말씀의 위력을 목격하는 일입니다. 말씀이 말씀으로 온전히 선포될 때 상상할 수 없는 일들이 일어납니다. 무심해 보였던 사람이 복음의 위력 앞에 무릎 꿇고, 도무지 변할 것 같지 않던 사람이 한순간 급변하는 모습을 본다는 것은 경이로운 일입니다. 설교자는 말씀의 비밀을 아는 사람입니다. 말씀의 비경 안으로 들어가 맛을 본 사람입니다. 말씀을 통하여 자신이 먼저 변화를 경험한 사람입니다.

모든 사역은 강단에서 출발합니다. 강단에서 교회의 생명이 결정됩니다. 말씀이 죽으면 교회가 죽습니다. 교회의 생명력은 말씀의 바람이 불 때 일어납니다. 말씀의 역사가 없는데 성도들이 움직일 리 없습니다. 그동안 한국 교회 안에 말씀의 자리를 대신하는 대체물이 많아졌습니다. 그러나 인간적 방법들은 세월을 이기지 못하고 언젠가는 무너집니다. 겉은 요란한데 안으로는 죽어가고 있는 교회가 있다면 그리 놀랄 일도 아닙니다. 말씀을 소홀히 여기면 교회는 머지않아 비틀거리게 됩니다.

중요한 것은 말씀의 생명력입니다. 말씀이 말씀으로 전해지기만 하면 그다음은 말씀의 역사에 맡기면 됩니다. 선명하게 전달된 하늘의 음성은 사람들을 의의 길로 인도합니다. 말씀은 생명이고 빛이고 능력입니다.

목회자는 성도들에게 하나님의 말씀을 증거하는 일을 성실히 해야 합니다. 대체 가능한 일은 없습니다. 다른 사역은 부차적인 것입니다. 목회자가 말씀 사역에 성실함을 보이지 않으면 인간적인 방법들이 동원되고 세속적인 힘이 작동되고 위험한 목회의 길을 걷게 됩니다. 교회의 세속화는 강단의 세속화입니다. 말씀 사역이 모든 것을 결정한다고 해도 과언이 아닙니다.

요즘 목회를 하기가 만만치 않는 시대를 맞고 있습니다. 이전보다 훨씬 더 까다로운 현장으로 바뀌었습니다. 성도들의 영적 식성도 빠르게 바뀌고 있습니다. 비기독교적 문화가 강세를 보이면서 복음에 대한 저항이 점점 강해지고 있습니다. 기독교에 대한 궁금증이 많아졌습니다. 그러다 보니 말씀을 전하는 일이 버겁게 느껴집니다.

그럼에도 길은 여전히 하나입니다. 목사의 입술을 통해 하나님의 말씀이 말씀답게 전달되는 일입니다. 강단의 권위가 회복되고 말씀이 생명력 있게 증거 되면 길은 열립니다. 하나님의 말씀이 아니고는 목사는 목사다워질 수 없고 교회는 교회다워질 수 없습니다.

하나님은 그분의 말씀을 순수하게 선포하는 설교자를 찾고 계십니다. 말씀의 신실한 종을 기다리고 계십니다. 사람들의 눈치를 보지 않고 시류에 타협하지 않는 순수한 설교자가 필요한 시대입니다.

그동안 말씀 중심의 목회를 하려고 애써 왔습니다. 설교를 잘하지는 못하지만 설교의 기쁨과 영광이 무엇인지 조금이나마 목격해 온 이야기들을 나누고 싶어졌습니다. 설교에 있어 언제나 부족함을 느끼고 있는 설교자이지만 동역자들과 함께 나눔으로써 한국 교회 강단의 회복에 미약하나마 도움이 되기를 원하는 마음이 간절합니다. 하나님의 말씀으로 충분하다는 것을 온몸으로 느끼면서 그 영광스러움을 함께 나누고자 합니다.

마지막으로 이 책의 출판을 위해 애써 주신 두란노와 수영로 교회 홍보팀, 김나빈 목사의 수고에 감사한 마음을 전합니다. 무엇보다 최고의 청중으로서 늘 말씀을 경청해 주신 수영로교회의 성도들, 언제나 곁에서 변함없이 설교 모니터링을 해주고 있는 아내에게도 감사를 드립니다.

해운대에서
이규현 목사

CONTENTS

Part 1

강단은 회복되어야 한다

설교자의 역할

Chapter 1.

설교의 위기 시대에
설교자의 역할

지금 우리는 다양한 위기에 처해 있지만, 그중 가장 큰 문제는 설교의 위기입니다. 열심히 설교하고 있지만 과연 성도들이 이 설교를 얼마나 기대하고 있는지 따져 보아야 합니다.

그 어느 때보다 설교에 대한 기대감이 줄어들고 실종된 시대를 살고 있습니다. 땀을 흘려 가며 열심히 준비해 설교하고 있는데, 회중은 이 설교를 얼마큼 기대하고 기다립니까? 또 얼마큼 호응하고 반응합니까? 이런 것을 보면 설교자와 청중 간에 상당한 온도차가 있을 수밖에 없다는 생각이 듭니다.

설교의 위기

요즘 우리가 보기에도 탁월한 설교자가 갈수록 줄어들고 있는 듯합니다. 과거에는 한 시대를 풍미하는 설교자가 많았고, 설교의 매력에 빠져 있던 사람도 많았습니다. 그러나 요즘은 그런 설교자를 만나기가 어렵습니다.

사실 청중도 설교에 관심을 가지기보다는 지성을 추구할 만한 다른 것들로 눈길을 돌리고 있습니다. 인터넷과 유튜브 시대가 열리면서 설교를 들을 수 있는 방법이 다양해지고 그 수도 늘어났습니다. 그만큼 여러 설교를 비교·평가하면서 자신에게 맞는 것을 고를 수 있는 환경이 된 겁니다. 이제는 선택의 폭이 어마어마하게 넓어져 TV 리모컨 하나로 채널 수백 개를 컨트롤할 수 있게 되었습니다. 청중이 시청자가 되어 실시간으로 설교를 평가해 마음에 안 들면 다른 채널로 옮겨 가는 상황에까지 이르게 된 겁니다.

강단은 회복되어야 한다

설교를 동영상으로 송출하는 시대가 열리면서 동영상 설교를 내보내지 않는 작은 교회의 목사님들은 입지가 점점 좁아지고 있습니다. 청중은 예전에 접해 보지 못한 신세계를 경험하면서 새로운 것에 눈을 뜨기 시작했습니다. 그 영향으로 현재 설교를 판단하고 비교하고 선택하는 권한이 청중에게 넘어가 있습니다.

이런 가운데 어느 시대보다 왜곡되고 편향되고 극단적인 사고가 넘쳐나는 시대가 되었습니다. 인터넷을 통해 자기가 좋아하는 매체를 계속 접하면서 편향된 사고, 왜곡된 정보, 극단적 이론에 물들어 양극화가 갈수록 심해지고 대립과 갈등이 표출되고 있습니다.

혼란스러운 시대, 특히 설교에 대한 기대감이 약화되는 시대임에도 불구하고 설교는 중요합니다. 하나님의 말씀이 모든 것의 절대적 진리가 되기 때문입니다. 이런 상황일수록 성경을 따르는 설교자의 설교는 굉장히 중요한 역할을 합니다. 하나님의 말씀에 능력이 있음을 믿기 때문에 설교자는 설교의 위기 시대에도 설교를 포기할 수 없습니다. 더 나아가 설교의 위기 시대이기 때문에 더 철저하게 하나님의 말씀을 붙들고 선포하는 설교자의 역할이 강조되어야 한다는 것을 서론에서 이미 언급했습니다.

그렇다면 설교 강단에서 무엇이 강조되어야 할까요?

복음이 살아 있어야 합니다

설교 강단에서 강조되어야 할 첫 번째는 '복음'입니다.

내가 복음을 부끄러워하지 아니하노니 이 복음은 모든 믿는 자에게 구원을 주시는 하나님의 능력이 됨이라 먼저는 유대인에게요 그리고 헬라인에게로다

롬 1:16

설교자는 스스로에게 "설교를 통해 복음이 전해지고 있는가?"라는 질문을 던져 봐야 합니다. 자신이 정말 복음을 전하고 있는지, 복음에 초점을 맞추고 있는지 물어봐야 합니다.

빌리 그레이엄(Billy Graham) 목사는 이런 이야기를 했습니다.

"내가 권위 있게 하나님의 말씀을 인용하여 예수 그리스도의 복음이라는 단순한 메시지를 제시할 때 하나님이 그 메시지를 사람들의 마음속에 초자연적으로 밀어 넣으신다는 것을 알게 되었습니다."

무슨 뜻입니까? 어떻게 보면 지혜롭게 들리지도 않고 유식하게 들리지도 않고 수준 높은 설교를 하는 것 같지도 않지만, 그 부흥의 메시지를 전할 때 하나님이 초자연적으로 사람들의 마음 안에 진리를 밀어 넣어 그 인생을 바꾸어 놓으신다는 뜻입니다.

설교자가 생각하는 설교와 하나님 관점에서의 설교는 다를 수 있습니다. 설교자는 대단한 설교를 한 것 같은데 아무 일도 일어나지 않습니다. 그러나 사도 바울은 "이 복음은 모든 믿는 자에게 구원을 주시는 하나님의 능력이 됨이라"고 말했습니다. 복음에 그런 능력이 있다는 뜻입니다. 그래서 설교를 통해 복음이 외쳐질 때 그 복음의 메시지가 가져오는 가장 중요한 능력인 구원의 역사가 일어납니다. 그 복음이 구원을 주시는 하나님의 능력

이 된다는 것입니다.

따라서 "설교를 통해 구원의 역사가 일어나고 있는가?"라는 가장 원초적인 질문을 갖고 고민해 봐야 합니다. 설교자가 복음이라는 단순한 메시지를 전할 때 하나님이 초자연적 방법으로 사람들의 영혼 안에 복음을 밀어 넣어 그 영혼에 있는 모든 것을 해체시켜 무릎 꿇게 만드시는 일이 일어나고 있는지 말입니다. 이것이 바로 복음의 능력입니다. 복음은 무릎 꿇게 하고 회심의 역사가 일어나도록 하고 중생의 체험이 일어나도록 만듭니다. 도덕적 설교가 그렇게 하는 것이 아닙니다.

팀 켈러(Tim Keller) 목사의 설교가 큰 주목을 받고 있는 이유가 뭘까요? 그는 '시티투시티(City to City)'라는 도시 사역을 하는데, 그 사역의 핵심이 바로 복음입니다. 오늘날 지성인과 전문 직종에 종사하는 젊은 사람이 많이 사는, 가장 현대화되어 있는 문명 도시의 메카 뉴욕 한가운데서 팀 켈러의 리디머교회가 성장할 수 있었던 이유가 뭘까요? 리디머교회는 어떤 프로그램 때문에 성장한 것이 아닙니다. 팀 켈러 목사가 행한 복음 중심의 설교, 이것이 답입니다. 설교자는 지성을 갖춘 사람들에게서 미련하다는 소리를 들을 만큼 복음에 집중해야 합니다.

사실 우리는 복음보다 율법을 설교할 때가 많습니다. 오늘날 한국 교회는 복음주의적 요소보다 율법주의적 요소가 훨씬 더 강합니다. 설교자가 자신의 설교를 진단하려면 교회를 움직이는 것이 복음인지 아니면 율법인지를 보면 됩니다. 교회의 모든 사역이 자발적인지 아니면 비자발적인지를 보면 이에 대한 답을 찾을 수 있습니다. 일단 성도들을 자세히 살펴봐야 합니다. 교회가 따뜻하고 사랑이 넘치는지 아니면 차갑고 비판적인지, 순종을 요구해야 하는지 아니면 기꺼이 순종하려고 하는지, 교회의 전체적인 분위기가 부드러운지 아니면 경직되어 있는지, 누군가 실수를 저질렀을 때 용서가 넘치는지 아니면 정죄가 넘치는지, 실수하고 연약한 사람을 품어주는 교회인지 아니면 내치는 교회인지를 살펴봐야 합니다.

복음이 살아 있는 교회는 실수를 해도 괜찮습니다. 다음에 잘하면 된다고 격려해 주며 다시 시작하도록 도와줍니다. 그러나 율법적인 교회는 그렇지 않습니다. 누군가 실수하면 지적하고 정죄하기에 바쁩니다. 그러다 보니 실수한 사람은 너무 힘들어 교회를 떠날까 말까 고민하게 됩니다.

또한 교회가 내면을 강조하는지 아니면 외적 행동을 강조하는지도 중요합니다. 껍데기만 자꾸 다듬어 가는 경우가 많습니다. 외적 행동만 열심히 하면 잘한다고 하는데 그 가운데 허구와 위선, 자기 열심이 많은 부분을 차지하고 있습니다. 그러다가는 제 풀에 넘어지게 됩니다.

그러나 복음은 "외적 행위를 가능하게 하는 내적 동기는 어디서 왔는가", "그 열심은 어디에서 출발했는가"라는 내면의 문제를 들여다보게 합니다. 설교를 통해 복음이 정확하게 심령을 변화시키게 하는 작업을 해야 합니다. 그러지 않고 어떤 사업이나 프로그램을 밟게 하고 그것을 통과하면 단계를 올리는 것은 변화가 아닙니다.

강단은 회복되어야 한다

복음은 어느 시대, 누구에게나 통할 수 있는 힘이 있습니다. 부유한 자나 가난한 자, 학력이 높은 사람이나 배우지 못한 사람 등 어떤 계층에게도 통합니다. 오늘날 기독교가 모든 대륙과 나라에 퍼져 나간 것만 봐도 알 수 있습니다. 이것이 바로 사람을 변화시키는 복음의 위력입니다.

복음은 죄의 문제를 다루는 열쇠입니다. 목회에서 설교의 핵심은 결국 인간이 가지고 있는 죄의 문제를 다루는 것입니다. 그 죄가 삶을 파괴하고 황폐하게 만들고 실패와 절망을 가져다주고 교회를 무너뜨립니다. 문제의 원인을 들여다보면 그 안에 죄가 있습니다. 이 죄를 해결할 수 있는 유일한 길은 복음뿐입니다.

목회의 관건이 무엇입니까? 삶의 내면에 숨어 있는 다양한 문제를 파고 들어가 자신의 죄를 인식하게 하고 복음 앞에 무릎을 꿇게 하는 겁니다. 복음을 붙잡게 만드는 겁니다. 이는 결단코 쉬운 일이 아니지만 이런 과정이 반드시 목회자의 설교를 통해 일어나야 합니다.

하나님은 목회자에게 복음을 맡기셨는데, 이 복음이 설교에서 어느 정도의 비중으로 다루어지는지 한번 생각해 볼 필요가 있습니다. 복음이 분명하게 전달되지 않으면 결국 설교는 헛수고로 끝나고 맙니다.

요즘 행해지는 설교들을 보면 거의 비슷해 차이를 느낄 수 없을 정도입니다. 대부분의 설교 내용이 좋고, 복음적인 설교도 많습니다. 그러나 그 많은 설교 중에 큰 차이를 만들어내는 것이 있습니다. 바로 설교자 자신이 복음을 얼마나 깊이 경험했는가 하는 점입니다. 목회자가 자신의 삶과 사역 가운데서 십자가와 부활의 복음을 깊이 경험하고 말씀을 전하는 것과 그런 경험 없이 복음을 전하는 것에는 어마어마한 차이가 있습니다.

개인적으로 십자가의 복음을 경험한 일이 있습니다. 처음 호주에 갔을 때 한동안 좀 힘들었습니다. 그때 창세기 22장에 나오는 아브라함이 이삭을 바치는 사건을 묵상하고 그 말씀을 살펴보는 가운데 십자가의 은혜가 임했습니다. 당시 심오한 경험을 했습니다. 사실 이민 목회가 대단히 어렵고 힘듭니다. 그때의 경험이 없었으면 목회가 굉장히 힘들었을지도 모릅니다. 십자가를 통한 하나님의 사랑이 강물처럼 제 영혼을 뒤집고 "십자가 사랑으로 충분합니다"라고 고백하면서 하나님 앞에 완전히 무릎 꿇는 사건이 있었기에 그 경험 이후 수많은 어려움을 헤쳐 나올 수 있었습니다.

설교를 통해 복음을 전할 때 설교자의 경험이 언어와 제스처, 뉘앙스를 통해 흘러나옵니다. 청중은 그것을 다 압니다. 말뿐인지, 정말 경험했는지 분별해 내는 겁니다. 복음은 우리가 놓치지 말아야 할 가장 중요한 설교의 요소입니다.

그리스도가 나타나야 합니다

설교 강단에서 강조되어야 할 두 번째는 '그리스도'입니다.

우리는 우리를 전파하는 것이 아니라 오직 그리스도 예수의 주 되신 것과 또 예수를 위하여 우리가 너희의 종 된 것을 전파함이라 고후 4:5

강단은 회복되어야 한다

그리스도는 곧 복음입니다. 기독교는 그리스도의 죽으심과 부활이 핵심이지만, 그리스도의 삶 전체가 복음입니다.

팀 켈러의 《설교》를 보면 "모든 성경에서 그리스도를 설교하려고 하라"는 내용이 나옵니다. 목회자는 설교할 때 자신을 주목하게 만들거나 자신을 드러내려고 해서는 안 된다는 뜻입니다. 설교자를 전파하기 위함이 아니기 때문입니다. 설교자가 아니라 그리스도가 중요합니다. 또한 설교하는 행위를 드러내려고 하지 말아야 합니다. 대신 설교를 통해 그리스도가 드러나야 합니다. 사도 바울은 "오직 그리스도 예수의 주 되신 것", 즉 그리스도가 주인 되심을 드러내야 한다고 말합니다.

오늘날 교회의 가장 큰 위기는 그리스도의 주 되심이 보이지 않는다는 것입니다. 목회자의 설교 가운데 그리스도가 주시라는 사실이 분명히 드러나야 합니다. 교회의 주인은 주님이라는 사실이 선명하게 드러나야 합니다.

오늘날 교회를 보면 주인이 너무 많습니다. 제직회가 주인이 될 수 없고 공동의회가 주인이 될 수 없고 담임목사가 주인이 될 수 없고 건축 헌금을 많이 낸 사람이 주인이 될 수도 없습니다. 오직 그리스도만이 교회의 주인이십니다. 오늘날 교회에서 당회의 주장이 너무 강해지는 것도 경계해야 할 일입니다.

목회자는 설교할 때 끊임없이 "그리스도가 주님이십니다"라는 그리스도의 주권을 정확하게 이야기하고, 모든 성도가 그리스도께 복종하도록 만들어야 합니다. 더 나아가 설교자 자신도 그 설교 행위 가운데서 그리스도께 복종하는 태도가 나타나야 합니다.

정작 자신은 복종하지 않으면서 교인들에게 복종하라고 한다면 그것은 진정한 목회자의 모습이 아닙니다. 사람의 목소리가 강해져서도 안 됩니다. 설교의 행위도 마찬가지입니다. 목회자가 자신의 신념이나 논리를 성경에서 가져와 강하게 주장하는 것은 설교가 아닙니다. 설교자가 주인이 되려고 하는 시도는 절대 성공할 수 없습니다.

이어서 사도 바울은 "예수를 위하여 우리가 너희의 종 된 것을 전파함이라"고 말합니다. 예수를 위하여 우리가 그리스도의 종 된 것이라는 사실, 즉 예수님 때문에 우리가 종의 삶을 산다는 것을 전파해야 한다는 뜻입니다. 이 메시지에 종의 원리를 가진 핵심적 의미가 들어 있습니다. 주인으로 군림하는 것이 아니라 종으로서 철저하게 순종하는 삶, 그리스도께 굴복하는 삶이 살아야 한다는 것이 목회자가 전해야 할 메시지의 핵심입니다.

하나님의 나라가 드러나야 합니다

설교 강단에서 강조되어야 할 세 번째는 '하나님의 나라'입니다.

그가 고난 받으신 후에 또한 그들에게 확실한 많은 증거로 친히 살아 계심을 나타내사 사십 일 동안 그들에게 보이시며 하나님 나라의 일을 말씀하시니라

행 1:3

이렇듯 성경의 핵심 메시지는 하나님의 나라입니다. 예수님과

세례 요한의 첫 일성이 하나님의 나라였습니다. 예수님이 하신 설교에 나오는 모든 비유가 하나님의 나라였습니다. 예수님이 승천하시기 직전 제자들에게 가르치신 것도 하나님의 나라였습니다. 성경 전체를 관통하는 주제가 바로 '하나님의 나라'입니다.

설교할 때 하나님의 나라는 온데간데 없고 교회만 강조할 때가 많습니다. 일반적인 교회를 강조한 것도 아니고 교회 건물을 강조합니다. 심지어 교회 건축에 생명을 걸다가 빚을 지고 그것을 감당하지 못해 교회가 병들기도 합니다.

현재 사회뿐 아니라 교회도 정치적 진영 논리의 갈등으로 홍역을 치르고 있습니다. 어떤 관점에서 세상을 바라보느냐 하는 문제는 굉장히 중요합니다. '하나님 나라'의 관점에서 세상을 바라보지 않고 이 세상의 나라에만 집중하는 것은 굉장히 위험한 생각입니다. 예수님 당시에는 로마의 지배 아래 정치적으로 굉장히 복잡한 시기였습니다. 그럼에도 예수님은 끊임없이 하나님의 나라를 지향하셨습니다. 대상에 따라 여러 가지로 자기 자신을 헌신하시며 오로지 하나님의 나라에 집중하게 하셨습니다. 그리고 예수님은 다양한 부류의 제자들을 품으며 하나님의 나라로 데리고 가셨습니다.

하나님 나라의 관점에서 볼 때 우리나라는 특히 현재성이 결여되어 있습니다. 지금 이곳에 계신 하나님과 함께하는 현재성, 현재적 의미의 하나님 나라가 우리에게 결여되어 있기 때문에 신학적으로 딜레마에 빠졌다고 생각합니다.

현재 우리 사회에서 일어나고 있는 대부분의 문제에 대해 기독교가 답을 제시해 주지 못하고 있습니다. '복음의 공공성'을 주제로 하는 책이 많이 나오는 이유가 여기에 있습니다. 설교자는 스스로 하나님 나라의 현재성에 대한 문제를 외면하고 있지 않는지 고민해 봐야 합니다. 그래서 지금 이 땅에서 어떻게 그리스도인으로 살아갈 것인지에 대한 답을 하지 않은 채 단지 교회 안에서 친목회 수준에 머물러 있는 우리끼리의 잔치, '당신들의 천국'을 만들고 있지는 않은지 고민해 봐야 합니다.

이런 의미에서 J.P. 모어랜드(James Porter Moreland)의 《하나님 나라의 삼각 구도》, 톰 라이트(Nicholas Thomas Wright)의 《마침내 드러난 하나님 나라》는 설교자가 참고하기에 좋은 책입니다. 이 외에도 다양한 책이 있으니 읽어 보길 바랍니다. 현재적 의미의 '하나님 나라'는 설교자가 관심을 가져야 할 주제입니다.

Chapter 2.

말씀에
답이 있다

설교자 자신의 영혼이 어떻게 변화를 경험하고 성숙해지느냐 하는 것은 매우 중요한 주제입니다. 수원지의 물이 아무리 깨끗해도 물을 내보내는 통로인 관이 녹슬거나 오염되어 있으면 맑은 물을 먹을 수 없는 것처럼 아무리 좋은 성경 본문을 가지고 설교한다고 해도 통로가 되는 목회자의 영혼에 문제가 있다면 청중에게 좋은 영향을 미칠 수 없습니다.

아무리 좋은 책이나 훌륭한 주해서를 참고한다고 해도 설교자의 영혼 상태, 즉 설교를 준비할 때의 영적 상태와 말씀을 전할 때의 마음 상태 등이 복합적으로 연결되어 설교자의 영혼에 영향을 미치게 됩니다. 설교학이라는 기능적 이론만으로는 설교자가 갖춰야 할 요건에 대한 답을 찾기가 어렵습니다.

말씀 안에 답이 있습니다

이런 점을 감안하고 설교자가 갖춰야 할 태도에 어떤 것이 있는지 살펴보겠습니다.

첫째, 성경의 권위에 대한 확신이 있어야 합니다. 어떤 면에서는 성경에 대한 목회자의 태도가 설교에서 가장 중요한 부분일 수도 있습니다. 목회자는 성경의 절대성, 성경의 무오성에 대한 확신을 가져야 합니다. 특히 다원주의의 위협 가운데서 성경에 대한 목회자의 태도는 대단히 중요합니다. 목회자마다 자신이 따르는 신학적 노선이 있겠지만, 성경 자체에 대한 권위를 얼마나 확실하게 인정하고 존중하느냐 하는 것이 설교에 가장 큰 영향을 미칩니다.

둘째, 말씀 자체에 대한 능력을 신뢰해야 합니다.

하나님의 말씀은 살아 있고 활력이 있어 좌우에 날선 어떤 검보다도 예리하여 혼과 영과 및 관절과 골수를 찔러 쪼개기까지 하며 또 마음의 생각과 뜻을 판단하나니 지으신 것이 하나도 그 앞에 나타나지 않음이 없고 우리의 결산을 받으실 이의 눈앞에 만물이 벌거벗은 것같이 드러나느니라 히 4:12-13

하나님의 말씀이 말씀으로 전달될 때 그 말씀이 살아 있고 활력이 넘쳐 좌우의 날선 어떤 검보다도 예리해집니다. 말씀 자체에 그런 능력이 있습니다. 말씀에 설교자의 말이 많이 섞이게 되면 말씀의 본질이 희석됩니다. 설교자의 이론과 철학, 사상이 들어가지 않아도 말씀 자체에 이미 능력이 있기 때문입니다. 본문 말씀보다 더 탁월한 이론도 없습니다. 다만 설교자는 본문에서 하나님의 말씀을 정확하게 끄집어내려고 하는 집요함을 가져야 합니다.

셋째, 본문 중심의 설교를 해야 합니다. 강해를 하든 어떤 설교를 하든 간에 본문을 놓치지 않는 것이 중요합니다. 신학대학원에서 공부할 때 설교학을 가르친 교수님이 학생들의 성적을 평가할 때 본문에서 벗어나면 무조건 'F' 학점을 줬습니다. 그 교수님은 성경 본문을 무시하지 말라는 것을 확실히 각인시켜 주었습니다. 무서울 정도로 본문을 중요하게 여겨야 한다는 것을 가르쳐 주었는데, 개인적으로 참 좋은 레슨을 받았다고 생각합니다. 이런 의미에서 세계적 성경학자이자 설교자 월터 브루그만(Walter

Brueggemann)의《텍스트가 설교하게 하라》는 목회자로서 읽어 볼 만한 책입니다.

사실 성경 본문에 집중하고 본문에 깊이 들어가는 것이 말처럼 쉽지 않습니다. 어마어마한 내공이 필요한데, 그렇지 못한 경우 피상적으로 본문을 다루게 됩니다. 피상성을 극복하지 못하는 것입니다. 그래서 본문을 가볍게 다루고 다른 내용으로 넘어갑니다. 30~40분을 채워야 하는데 본문에 깊이 들어가지 못하다 보니 결국 곁길로 빠져버리고 맙니다. 자칫하면 성경 본문이 말하고자 하는 바에 집중하지 못한 채 자기 하고 싶은 이야기를 하다 끝나버립니다. 본문 중심의 설교를 하려면 본문에 머물러 있어야 합니다. 본문을 읽고 또 읽어야 합니다.

설교할 때 성도들에게도 성경을 보도록 해야 합니다. 요즘은 성경을 안 들고 다니는 성도가 많습니다. 대부분 핸드폰만 가지고 와서 예배를 드립니다. 성경책 들고 다니기 운동을 해야 할 정도입니다. 성경에 관심을 가지도록 이끌기 위해서는 목회자, 설교자가 성경에 집중하는 모범을 보여야 합니다.

사실 높은 집중력을 가지고 본문을 읽으면 참 재미있습니다. 본문의 구절 하나하나, 단어 하나하나에 지나칠 수 없는 비경이 빼곡하게 자리하고 있기 때문입니다. 자동차를 타고 빠르게 지나가면 많은 풍경을 놓치지만, 천천히 걸으면서 주위를 살펴보면 많은 것을 눈에 담을 수 있는 이치와 같습니다.

성경의 비경 안으로 들어가려면 성경을 천천히 반복해 읽어야 합니다. "여호와는 나의 목자시니 내게 부족함이 없으리로다"

로 시작되는 시편 23편을 가지고 4주간 특새를 하면서 "내 평생에 선하심과 인자하심이 반드시 나를 따르리니 내가 여호와의 집에 영원히 살리로다"(6절)에 성경 전반이 다 들어가 있다는 사실을 깨달았습니다. 한 구절에 인생의 출발부터 영생의 삶, 완전한 천국까지 모든 것이 압축되어 있습니다.

이처럼 성경을 한 구절 한 구절 곱씹어 보면 그 안에서 어마어마한 복음의 진리를 발견할 수 있습니다. 한 구절에 들어 있는 내용이 그만큼 풍성하고 재미가 있다는 뜻입니다. 심지어는 그 본문을 우리말성경, 현대인의성경으로도 읽고 영어 성경으로도 읽어 보는 겁니다. 영어 성경도 몇 가지 역본을 읽어 보면 거기에 또 다른 내용이 들어 있습니다. 이런 식으로 계속 본문을 살펴보면서 본문에 머물러 있는 것이 중요합니다. 내용을 해석하기 전 본문을 읽는 데 시간을 충분히 들여야 합니다. 이렇게 본문을 읽고 내용의 의미를 찾아내려고 하는 노력은 아무리 시간을 들여도 부족합니다.

본문을 충분히 읽고 해석한 다음에는 성도들이 어떻게 살아야 하는지 적용 단계로 갑니다. 이 단계에서는 행동으로 결단해야 하기 때문에 말씀이 충분히 성도들에게 설명되었을 때 설교자와 청중의 교감이 일어나고, 그 말씀이 무르익으면 성도들의 입술에서 저절로 "아멘"이 터져 나옵니다. 그런데 말씀이 무르익지 않고 본문의 의미가 충분히 전달되지 않았는데도 처음부터 '아멘'을 유도한다면 어떻게 될까요? 청중의 입장에서는 부담스러울 것입니다. "아멘"은 억지로 짜낼 수 있는 게 아닙니다. 말씀에 대한 공명이 일어나면 청중 스스로가 "아멘"을 외치고, 그때 결단이 일어나게 됩니다. 간혹 설교자가 너무 섣부르게 "아멘"을 유도하는 경향이 있는데 그건 위험한 행동입니다.

성경 본문보다 더 위대한 언어나 설명도 없고 설득력도 없고 공감력도 없습니다. 설교자는 본문에서 하나님의 말씀을 있는 그대로 드러내고, 그 말씀의 의미를 정확하게 끄집어내는 작업에 시간을 들여야 합니다.

넷째, 하나님 중심의 설교를 해야 합니다. 성경은 하나님의 이야기입니다. 그 사실을 알면서도 놓칠 때가 많습니다. 성경은 하나님의 책이고, 하나님을 위한 책이며, 하나님을 드러내는 책이고, 하나님의 말씀 그 자체입니다. 성경을 통해 하나님이 누구이신지를 아는 것이 중요합니다. 그것을 놓치지 말아야 합니다. 설교가 너무 쉽게 인간 중심으로 기울어지곤 하는데, 특히 청중으로부터 오는 압박감을 조심해야 합니다. 청중이 듣고 싶어 하는 이야기가 있거나, 설교를 통해 위로받고 싶어 하더라도 설교자가 전하는 메시지 속에서 하나님이 가장 먼저 드러나야 합니다. 위로와 관련된 이야기를 모아 기가 막힌 문학적 감성을 터치하면 위로가 될까요? 순간적인 위로는 될지언정 궁극적으로 문제를 해결해 주지는 못합니다.

진정한 위로는 하나님이 누구이신지를 아는 것입니다. 심리학적이고 도덕적인 수양을 쌓는 설교가 아니라 하나님이 누구이신지, 어떻게 일하셨는지, 그분의 성품이 어떠하신지 등 하나님 중심의 설교를 해야 합니다. 하나님의 주권과 성실하심과 열심을

강단은 회복되어야 한다

배제한 우리 인간의 노력은 헛수고일 뿐입니다.

쉽게 빠지는 오류에 주의하십시오

이번에는 설교자가 쉽게 빠지는 오류가 무엇인지 살펴보겠습니다.

첫째, 성경을 읽지 않는 오류입니다. 설교의 근원이 성경인데 정작 설교자가 성경을 읽지 않고 깊이 연구하지 않고 묵상하지 않는 오류를 범하고 있습니다. 설교하기 전 성경의 내용에 대해 얼마나 알고 있는지 묻고 싶습니다. 설교자가 성경을 잘 읽지 않다 보니 성경에 대해 무지하기까지 합니다. 이것이 가장 큰 문제입니다. 저에게 다시 목회를 시작할 때 무엇부터 하겠느냐고 묻는 사람이 있다면 성경 공부부터 제대로 하고 싶다고 말할 겁니다. 성경을 공부한 뒤 설교한다고 하지만, 사실 성경 공부를 하면 할수록 "나는 성경에 대해 너무 모르는구나" 하고 반성하게 됩니다. 목회자라면 누구나 성경의 비경 안으로 더 들어가고 싶다는 열망을 갖고 있습니다. 이런 것을 보면 성경 공부는 끝이 없다는 생각이 듭니다.

둘째, 설교를 위한 설교를 하는 오류입니다. 설교가 너무 많은 것이 문제입니다. 목회자에게 설교의 경험이 많은 것은 굉장히 유익합니다. 그렇다고 해서 설교를 위한 설교를 해서는 안 됩니다. 담임목회에서 부교역자 없이 목회자 혼자 설교를 맡아 하다

보면 설교를 위한 설교를 하게 될 수도 있습니다. 설교를 준비하는 과정에서 깊은 묵상과 은혜가 없어지고 설교를 준비하는 행위만 남게 되는 겁니다. 그러면 설교가 공허해지고 영양가가 없어져 설교의 완성도가 떨어질 수밖에 없습니다.

셋째, 설교자 자신이 빠진 설교를 하는 오류입니다. 설교는 청중에게 하나님의 말씀을 전달하기 이전에 설교자 자신에게 외치는 것입니다. 설교의 제1 청중은 설교자 자신이어야 한다는 뜻입니다. 다른 사람에게 할 설교라는 생각으로 자기 자신은 듣지 않는데, 자기를 향하지 않은 설교는 결코 청중에게 다가갈 수 없습니다. 설교자는 먼저 자기 자신에게 설교해야 합니다. 설교의 가장 큰 수혜자는 다름 아닌 설교자 자신이 되어야 합니다. 물론 성도들이 설교를 통해 아름다운 그리스도인으로 성장하는 것도 필요합니다. 그러나 중요한 것은 설교자 자신의 내면적 삶, 즉 인격이 먼저 변화되는 것입니다. 설교를 많이 해서 좋은 설교자라는 명망을 얻을 수는 있지만, 자기 자신에게 끊임없이 "과연 자신이 좋은 목회자의 한 사람으로 성장하고 있는가?"라는 질문을 던져야 합니다. 이 질문을 비껴 가면 설교자는 설교와 자신 사이에서 괴리감을 느끼게 되고, 나중에 그 공백으로 엄청난 대가를 치러야 할 수도 있습니다.

넷째, 설교자의 삶이 결여된 설교를 하는 오류입니다. 설교에서 설교자의 삶이 보이지 않는다는 뜻입니다. 성도들은 이런 사실을 말하지 않아도 다 압니다. 삶과 인격이 담기지 않은 설교는 진정성이 결여되어 있습니다. 진정성은 성도들의 가슴을 파고들어가는 힘이므로 설교자가 강단에 섰을 때 모든 성도가 진정성을 느끼는 것은 아주 중요합니다. 진정성이 담기지 않으면 설교는 변죽만 울리게 됩니다.

오늘날 설교의 한계가 여기에 있습니다. 삶이 담긴 설교를 하려고 하면 설교를 준비하는 작업이 굉장히 어렵습니다. 설교가 쉽게 만들어지는 이유는 말씀 앞에 설교자 자신의 인격적 부딪힘이 없기 때문입니다. 설교자 자신부터 그렇게 행동하지 못하면서 마이크에 대고 말씀대로 살 것을 외친다면 결국 공허한 메아리가 되고 맙니다. 진정성 없는 설교가 되고 맙니다. 허공을 칠 뿐입니다. 아무도 들으려고 하지 않는 설교가 됩니다. 설교는 원고 쓰기가 아니라 삶을 쓰는 것이기 때문입니다.

다섯째, 청중과의 교감이 없는 설교를 하는 오류입니다. 갈수록 공감을 불러일으키지 못하는 설교가 늘고 있습니다. 공감이 일어나지 않으면 설교가 아니라 독백이 됩니다. 앞서 언급한 것처럼 요즘 성도들은 굉장히 복잡하고 다양한 문제를 떠안은 채 살아가고 있습니다. 성도들 가운데 상당수가 고통을 느낄 만큼 힘든 상황에 처해 있습니다. 부자들은 괜찮을 거라고 생각하지만, 그들 또한 그들 나름의 힘든 일이 있습니다. 온갖 현실적 문제로 고통스러워하는 성도들에게 다가가기 위한 설교는 감정이입이 되어야 합니다. 긍휼은 얼마나 깊이 이해하느냐 하는 뜻인데, 설교에 그 긍휼의 마음이 없다면 무미건조한 탁상공론에 머물고 말 것입니다.

여섯째, 고뇌 없는 설교를 하는 오류입니다. 설교에는 설교자의 고뇌가 배어 있어야 합니다. 말씀과 씨름한 흔적, 말씀을 가지고 고뇌한 흔적이 있어야 합니다. 반드시 답을 주지 않아도 됩니다. 답을 주려고 하기보다 말씀을 가지고 목회자 자신이 고뇌하고 씨름한 흔적이 설교에 묻어나면 됩니다. 설교 가운데서 고민하고 땀 흘리며 몸부림치고 사투를 벌인 흔적을 드러내야 하는 것이 바로 오늘날의 설교자입니다.

고뇌하지 않는다는 것은 무지하다는 이야기가 될 수 있습니다. 현재 상황을 모르고 문제가 무엇인지도 모르면 고뇌가 있을 리 없습니다. 문제의 본질에 접근해 가려고 하면 고뇌하게 됩니다. 욥기에서 보듯 욥의 고난에 쉽게 답해 주려고 하면 그의 친구들처럼 될 수밖에 없습니다. 그런데 그것은 답이 아닙니다. 멋있고 논리적이고 타당한 말일지 몰라도 욥의 상황에는 맞지 않았습니다. 오늘 자신이 욥의 친구 같은 설교자가 될 수도 있다는 점을 명심하기 바랍니다. 설교자는 청중의 고통을 이해하지 않고 자신의 생각에만 집중해 현실과 연결되지 않는 설교를 해선 안 됩니다.

때로는 답을 주지 않아도 됩니다. 그저 청중의 고통을 이해하는 것만으로도 충분합니다. 오늘날 많은 사람이 고통 가운데 있습니다. 자녀 문제, 가족 문제, 질병 문제, 각종 사건과 사고로 고

강단은 회복되어야 한다

민하고, 삶의 벼랑 끝에 서 있는 교인이 많습니다. 교인들이 처한 현실적 문제에 접근해 가려면 고뇌하는 목회자가 되어야 합니다.

일곱째, 해석 없는 설교를 하는 오류입니다. 해석 없는 설교는 설교가 아닙니다. 정확한 해석과 충분한 주해가 있어야 하는데, 그러기 위해선 성실함이 필요합니다. 주해를 충실하게 말해 주지 않고 빨리 자기 하고 싶은 이야기로 진입해버리는 목회자를 볼 때가 있습니다. 어느 때는 곧장 적용으로 가기도 합니다.

성경을 제대로 이해한다는 것은 쉬운 일이 아닙니다. 개인적으로 강해할 때 참고하는 도서가 굉장히 많습니다. 책이 많다 보니 이것저것 참고해서 본래의 의미와 뜻을 알고자 노력합니다. 성경이 말씀하시고자 하는 바를 찾아내려고 노력하다 보면 한 본문을 해석하는 데 오랜 시간이 걸리기도 합니다. 그러나 나중에 보면 설교에 직접적으로 쓸 만한 것은 얼마 안 됩니다. '이 주석서에는 뭐라고 이야기하고 있지?' '이 정도면 충분할까?' '아니야, 한 번 더 찾아봐야지….' 이런 고민을 하다 보면 끝이 없습니다.

주해가 제대로 되어 있지 않으면 설교가 혼란스럽고 산만해질 수밖에 없지만, 주해를 정확하게 하면 적용점을 찾아내는 것이 그다지 어렵지 않습니다. 사역 초기, 젊은 시절에는 주해 작업에 지금보다 더 많은 시간을 들였습니다. 이제는 성경에 대한 이해의 폭이 넓어져 주해 작업 시간의 비중이 주해를 찾는 과정에서 콘텐츠를 찾는 쪽으로 옮겨 왔습니다.

여덟째, 적용이 결여된 설교를 하는 오류입니다. 구체적인 답은 아니더라도 설교를 듣고 난 청중이 어떻게 해야 할지 적용할 방향을 제시해 주어야 합니다. 가장 잘된 설교는 순종을 이끌어내는 설교입니다. 스스로 결단하게 만드는 것입니다. 설교를 듣고 나서 머리가 아픈 것은 머리 쓰는 것만 겨냥한 설교를 들었기 때문입니다. 설교를 듣고 나면 머리로 이해되고 가슴도 뜨거워져야 하지만, 가장 중요한 사실은 몸을 움직이겠느냐 하는 것입니다.

목회적 설교는 결국 순종과 실천을 이끌어내는 것입니다. 지식만 전하는 지적 설교에만 매달리다 보면 어느 순간 똑똑한 신자만 남게 됩니다. 그들은 지성으로 서로를 판단하고 정죄하고 죽이고 살립니다. 설교에 삶으로 이어지게 하는 단계가 있어야 합니다. 설교를 듣고 가슴만 뜨거워져서는 안 됩니다. 가슴 뜨거운 것은 오래가지 않습니다. "적용은 청중에게 맡기라"고 말하는 목회자도 있지만, 개인적으로 설교자는 성도에게 분명한 적용점을 전달해야 한다고 생각합니다. 너무 세밀하게 접근하면 위험하지만, 삶의 기본적인 방향 제시는 해야 합니다. 그런데 이 적용을 찾아내는 것은 결코 쉬운 일이 아닙니다. 적용은 설교자가 평소 말씀을 가지고 살아가려고 노력할 때 얻을 수 있습니다.

아홉째, 쉽게 설교 준비를 하려는 유혹입니다. 쉽게 준비한 설교는 쉽게 잊히고 맙니다. 쉬운 일에 대한 대가를 지불하게 됩니다. 설교를 잘하려고 하기보다 성실하게 준비하는 자세가 필요합니다. 주부가 가족을 위해 끼니를 준비할 때는 냉동실에서 인스턴트 음식을 꺼내 전자레인지에 돌린 음식만 내놓지 않습니다. 정성을 들여 음식 재료를 다듬고 끓이거나 볶는 등 조리해서 내옵니다. 설교도 마찬가지입니다. 거기에 설교자의 사랑과 정성이 묻어나야 합니다. 패스트푸드로 간단히 때우는 것처럼 하지 말고 성도들의 영혼을 건강하게 살찌우기 위해 설교자로서 정성을 다해야 합니다.

10, 20년 목회하다 보면 '우리 공동체, 우리 성도가 어떻게 되었으면 좋겠다'라는 바람이 생깁니다. 설교를 통해 그것이 구체화되어 나타납니다. 그런 소망을 갖게 되면 성도들에게 어떤 것이 부족한지, 어떤 영양가 있는 음식을 먹여야 할지를 파악하고 목회의 현실에 맞춰 성도들에게 필요한 메시지를 전하게 됩니다. 개인적으로 부흥회를 잘 안 합니다. 힘들어도 성도들의 영양 관리를 직접하면서 먹이고 싶다는 신념을 갖고 있습니다. 성도들의 신앙에 대한 충분한 고려 없이 쳐내기 바쁜 설교는 영양 부실로 골다공증이 생기는 것처럼 그 내용도 부실해집니다. 그리고 목회의 현장에서 문제로 나타나게 됩니다. 별 사건이 아님에도 교회전체가 들썩거리고 그러다 넘어지고 맙니다. 어느 교회나 크든 작든 문제를 갖고 있습니다. 부족한 인간이 모이는 곳이기 때문입니다. 그런데 문제가 일어도 별일 없이 지나가는 교회가 있습니다. 영양가 높은 말씀으로 제대로 먹이고 말씀의 은혜를 받게 된 교회가 되었기 때문입니다. 이런 교회는 하나님이 말씀을 통해 각 영혼을 친히 통치하시기 때문에 어느 때 어떤 문제가 발

생하더라도 스스로 정리하고 일어납니다.

열 번째, 멋진 설교를 하고 싶은 유혹입니다. 이런 유혹을 이겨낼 수 있어야 합니다. 과연 멋진 설교가 있을까요? 설교를 잘한다는 것은 어떤 것일까요? 설교에 대한 과욕은 금물입니다. 설교자라면 허영심을 내려놓고 순수하고 정직한 마음으로 강단에 서야 합니다. 앞서 이야기했듯이 진정성 있는 설교는 강연이 아닙니다. 자신을 드러내는 것이 목적이 아니라 말씀이 드러나게 해야 합니다. 저는 설교하기 전에 "나를 감추어주시고 하나님의 말씀만 드러나게 해주십시오"라고 기도하는데, 그 말 그대로입니다.

미국의 가장 위대한 설교자 조나단 에드워즈(Jonathan Edwards) 역시 단순하고 꾸미지 않는 설교로 유명합니다. 그는 촛불 아래서 그냥 원고를 더듬더듬 읽어 내려갔을 뿐인데 사람들이 회심하는 성령의 역사가 일어났습니다. 이처럼 말씀이 말씀으로 전달되는 행위가 중요합니다. 그것이 부실하면 자꾸 다른 것으로 그것을 가리려고 하게 됩니다. 영상미를 살린다고 돈을 들여 가며 영상을 다시 편집하고 꾸며도 그것으로는 회중의 마음을 바꾸지 못합니다.

설교 제목을 너무 멋지게 지으려고 애쓰지 않아도 됩니다. 청교도 목회자이자 사상가인 마틴 로이드 존스(Martyn Lloyd Jones)도 "설교 제목만 생각나게 한다면 그것도 설교자의 잘못이다"라고 말했습니다. 쇼맨십을 발휘하겠다는 욕심을 가지고 설교하면 영락없이 깨집니다. 자신도 모르게 오버액션, 불필요한 행동과 말이 나와 실수하게 됩니다. 강단에 설 때는 충분한 준비와 허영기를 뺀 진솔한 접근이 있어야 합니다.

설교할 때는 설교자 자신의 영혼이 그대로 노출됩니다. 고든 맥도날드(Gordon MacDonald)는 이렇게 말했습니다.

"설교는 설교자 자신의 영혼을 전시하는 것이다."

강단에 서는 순간 설교자의 영혼은 가감 없이 그대로 노출됩니다. 어떻게 숨길 수 있겠습니까! 어설픈 자기 과신이 담긴 설교, 헬라어나 히브리어를 섞어 가며 풀어내는 허영기 가득한 설교, 지식을 자랑하는 설교는 성도들의 영혼을 흔들어 놓을 수 없습니다. 지금과 같은 시대에는 세례 요한의 영성이 필요합니다. 세례 요한은 "광야에서 외치는 자의 소리"(요 1:23)로 존재했습니다. 그 소리는 하늘의 하나님 아버지로부터 들었던 말씀, 즉 "그는 흥하여야 하겠고 나는 쇠하여야 하리라"(요 3:30)는 말씀 아닙니까!

열한 번째, 너무 많은 설교를 하려는 오류입니다. 누구나 이 오류에 빠지기 쉽습니다. 설교가 많으면 설교자는 설교 머신이 되고, 그러다 보면 영혼 없는 설교를 하게 됩니다. 그것은 설교가 아닙니다. 설교는 신중하게 해야 하는데, 그저 목회의 행위 가운데 하나인 사역이 되어버린다면 영성이 성장해 가는 과정이 결여되는 결과를 가져올 수 있습니다. 일평생 목회했지만 영혼이 초라해지면 결국 그 목회는 실패로 끝나버리고 맙니다. 설교를 만들어내는 데 급급했기 때문입니다.

영성을 기르는 것은 매우 중요한 과정입니다. 목회자의 영혼을 기름지게 하는 시간이기 때문입니다. 앞서 이야기했듯, 하나님의 말씀을 묵상하고 공부하는 과정에서 진리를 깨닫는 즐거움을 얻고, 그 말씀으로 영혼이 빚어져 가는 경험을 통해 설교자 자신이 성장해야 합니다. 그래야 무르익은 설교가 됩니다.

목회자가 60대가 되면 50대와 비교할 수 없는 진국이 우러나옵니다. 설교자 자신의 영적 성숙을 통한 영혼의 부요함이 설교에 드러나기 때문입니다. 자신의 영혼을 다듬은 사람은 세월이 갈수록 설교가 깊어지고 원숙해지고 힘이 있습니다. 그런데 설교를 기능적이고 기술적으로 하는 사람은 아무리 세월이 흘러도 그 영혼에 변화가 일어나지 않습니다. 기술자는 되었지만 영혼을 다루는 설교자는 될 수 없습니다.

수요기도회, 새벽예배, 주일 오후예배까지 설교가 너무 많으면 나름대로 설교의 강약을 조절해야 합니다. 아무래도 가장 우선시 되는 설교는 주일예배 설교입니다. 거기에 많은 시간과 노력을 기울여야 합니다. 새벽기도회 때 매일 명설교를 하면 좋겠지만 현실적으로 쉽지 않습니다. 온종일 심방하고 소그룹 인도하고 새벽기도회 때 설교해야 한다면 어떻게 해야 할까요? 이는 각자의 지혜가 필요한 일이겠지만, 매일 묵상하는 목회자라면 어렵지 않게 준비할 수 있습니다.

긍휼의 마음을 가져야 합니다

설교 한 번으로 세상이 달라지지 않습니다. 설교만으로 성도들을 변화시키겠다는 것은 과욕입니다. 욕심을 부리지 말고 성실한 설교자로 살아가야 합니다. 설교로 성도 한 사람의 인생이 바뀌는 것이 아닙니다. 설교자가 탁월해서 그 성도가 은혜로운 생활을 하는 게 아니라 수많은 하나님의 종이 넘치는 사랑과 은혜로 헌신을 베푼 결과인 것입니다.

설교자는 겸손을 잃지 말아야 합니다. 하나님과 성도를 이어주는 중간 역할을 할 뿐입니다. 중요한 것은 설교자로서 성도들을 사랑하는 마음이 설교 안에 녹아 있어야 한다는 사실입니다. 고통당하는 성도들에게 위로와 힘을 북돋워주고자 하는 애정 어린 긍휼의 마음이 있어야 합니다. 고통의 바깥에서 영혼 없는 메시지를 전한다면 설교를 통해 성도들에게 또 다른 상처를 입힐 수 있습니다. "어떻게 내 고통에 대해 저처럼 말할 수 있지?" 하며 성도들은 상처를 받게 됩니다.

여기서 한 가지 더 생각할 것은 목회자가 성도들을 돌보는 행위로써 설교가 중요한 영역이긴 하지만 성도들에게만 집중하는 설교자가 되어서는 안 된다는 점입니다. 설교자가 진정으로 성도들을 위한다면 하나님 편에 서 있어야 합니다. 성도들에 대해 깊은 관심을 가져야 하지만 그것이 지나쳐 성도들을 하나님으로부터 멀어지게 해서는 안 됩니다. 어떻게 하면 하나님의 편에서 성도들을 그분께로 이끌어 갈 것인지를 생각해야 합니다. 무엇보다 하나님이 설교자를 그분의 도구로 세우셨다는 사실을 잊지 말아야 합니다.

마틴 로이드 존스 목사님은 "설교보다 위대하고 영광스러운 소명이 어디 있느냐"고 하면서 "설교 사역은 가장 고귀하고 가장 위대하며 사람이 받을 수 있는 소명 가운데 가장 영광스러운 소명이다"라고 말했습니다. 오늘날 교회를 소생시킬 수 있는 유일한 길은 설교밖에 없다고 해도 과언이 아닙니다. 모이는 교회로 세우기 위해 설교 아닌 다른 어떤 것을 동원한다고 해도 불가능합니다.

오늘날 한국 교회의 강단은 상당히 약해져 있습니다. 많은 교회가 다양한 이벤트와 프로젝트를 기획하며 성도들을 모으려고 애쓰지만 어떤 문화를 가져와도 세상의 것들은 한순간에 불과합니다. 결국 성도들을 모이게 하고 그들의 삶에 변화를 일으키는 것은 강단의 설교밖에 없습니다. 그러므로 목회자는 이것을 지켜내야 합니다. 개혁주의는 교회, 예배당 중심에 딱 강단이 있느냐 하는 것을 봅니다. 가톨릭은 성만찬 등 많은 것이 있지만 개혁교회는 그 중심에 강단이 있습니다. "하나님 말씀의 선포보다 더 중요한 것은 없다." 이것이 개혁주의 신앙의 핵심입니다.

목회자는 핵심적이고 우선적인 이 말씀의 자리를 다른 것에 양보해선 안 됩니다. 이것을 사수해야 합니다. 여기에 목회자의 모든 시간과 에너지, 독서 등을 쏟아 부어야 합니다. 목회자의 마음이 무언가로 깨어져 있으면 안 됩니다. 그러므로 목회자는 자신의 마음을 지켜내야 합니다. 자신 안에서 교만한 마음이 생기거나 미움이 일어나거나 분노가 솟구치거나 하면 안 됩니다. 목

강단은 회복되어야 한다

회자는 매주 단위로 말씀을 묵상하고 설교를 준비하고 강단에서 선포해야 하는 사람이기 때문에 자신의 마음 관리도 매주 단위로 해야 합니다. 마음을 청소하고 정리하고 평정심을 유지하기 위해 노력해야 합니다.

낮은 곳을 지향해야 합니다

당신의 시선은, 당신의 설교는 어디에 초점을 맞추고 있습니까? 설교자는 언제나 낮은 곳을 지향해야 합니다. 헨리 나우웬 (Henri Nouwen)은 '하향성의 삶'을 이야기했습니다. 비움의 영성입니다.

천하만국과 그 영광은 눈이 뒤집힐 정도의 유혹입니다. 세상에도 영광된 것이 참 많다 보니 사탄 마귀는 계속 뭔가를 보여주려고 합니다. 그러나 영광은 하나님에게만 쓰이는 단어라는 사실을 기억해야 합니다. 하나님의 영광을 넘보면 안 됩니다. 하나님은 결코 자신의 영광을 사람에게 빼앗기신 적이 없습니다. 우리 인간이 그 영광을 탐하면 죽습니다. 이것은 신성의 영역, 하나님의 영역입니다. 그러나 사람들은 이 영역을 자주 넘봅니다. 인류의 조상 아담과 하와처럼 말입니다. "우리는 목회자로서 설교자로서 누구의 영광을 구하고 있는가?"라고 스스로에게 물어봐야 합니다.

사탄 마귀는 "이 모든 것을 주겠다, 큰 힘을 주겠다"고 말합니다. 다 거짓 메시지입니다. 사탄은 다 가질 수 있을 것처럼 착각하게 만듭니다. 예배가 무엇입니까? 바로 숭배의 대상이 누구인지를 결단하여 정하는 것입니다.

예배 가운데 하나님의 영광에 도취되어야 합니다. 그래야 세상의 영광으로부터 눈이 멀어지게 됩니다. 사도 바울은 다메섹에서 눈에 비늘이 덮여 흑암 가운데 있다가 하나님이 다시 눈을 뜨게 하신 기적을 경험했습니다. 이는 완전한 관점의 변화, 가치관의 변화, 세계관의 변화입니다.

변화를 경험하면 이전에 쫓던 것들을 배설물로 여기게 됩니다. 설교자가 먼저 이런 변화를 경험해야 합니다. 자기 자신과 세상의 영광을 배설물로 여기며 하나님의 영광을 쫓는 예배자, 이를 위해 말씀을 선포하고 전하는 설교자가 되어야 합니다.

설교자가 경계해야 할 대상은 더 많습니다. 요즘은 문화적으로 물질주의가 팽배해져 있습니다. 물질주의가 한국 사회에서 20, 30년 안에 급속도로 일어났고, 교회와 목회자는 이 물질주의에 큰 영향을 받게 되었습니다. 돈의 세속화가 강력하게 교회 안으로 들어와 버린 겁니다. 그러자 교회는 갈 길을 잃어버렸습니다.

외형주의, 인기주의, 자아숭배, 자기도취…. 이 모든 것은 우리로 하여금 그리스도에 초점을 맞추지 못하게 합니다. 목회자는 이슈를 쫓아가면 안 됩니다. 언제나 시선을 그리스도에게 고정해야 합니다. 십자가를 교회 안의 상징으로만 있게 해선 안 됩니다. 결국 설교자의 사명은 많은 세상 이슈 속에서 말씀으로 모든 성도와 교회가 예수 그리스도에 초점을 맞추도록 만드는 것입니다.

십자가 설교에 가슴이 뜨거워지고 십자가 설교에 온 회중이 함께 뜨거워지는 설교 메시지를 붙들고 있습니까? 때로는 설교자가 세상 이슈에 초점을 맞출 때도 있습니다. 어떤 이슈가 있으면 그것을 쫓아가는 겁니다. 나중에 보면 예수님은 없고 프로그램만 있습니다. 이런 것들에 몰두하다 보면 예수 그리스도를 놓칠 위험성이 있습니다. 예수의 부모인 마리아가 호적하러 베들레헴으로 올라갔을 때 어린 예수님을 잃어버린 것과 같습니다. 예수님은 성전에 계셨는 데 다른 곳에서 찾고 있으니 "내가 내 아버지 집에 있어야 될 줄을 알지 못하셨나이까?"(눅 2:49)라고 말씀하십니다.

영적 전쟁에서 먼저 승리를 선포해야 합니다

설교자의 마음에 자리한 영적 허영을 제거해야 합니다. 설교자이기 전에 하나님의 말씀 위에 굳게 선 순수한 그리스도인이 되어야 합니다. 결국 설교자는 진리에 승부를 걸어야 합니다. 예수님은 말씀에 승부를 걸었던 분입니다. 영적 전쟁은 곧 진리의 전쟁이므로 설교자는 진리로 무장해야 합니다. 성령의 검으로 마귀를 제압하는 군사가 되어야 합니다. 그러려면 먼저 말씀에 사로잡혀 있어야 합니다. 말씀에 온전히 빠져 있어야 합니다. 자다가도 말씀이 나오도록 그 안에 깊이 들어가야 합니다.

지금 우리는 미혹의 세상을 살고 있습니다. 이럴 때일수록 말씀을 붙들어야 합니다. 말씀과 진리에서 분별력이 나오기 때문입니다. 사탄의 도전에 분별력을 가지고 진리로 명확하게 비춰내어 판별하는 영적 권세가 있어야 합니다. 설교자는 성도들에게 애매한 답이 아닌 정확하고 선명한 진리를 당당하게 선포해야 합니다. 승리하기 위해 말씀을 힘 있게 붙들어 말씀의 군사가 되어야 합니다. 자신의 내면에 주님의 말씀을 질서정연히 세우고, 그 사건과 현안에 따라 대처 능력, 즉각적 선포의 능력으로 역사해야 합니다. 진리만이 우리를 영적 전쟁에서 승리케 하기 때문입니다.

> 광야에서 사십 일을 계시면서 사탄에게 시험을 받으시며 들짐승과 함께 계시니 천사들이 수종 들더라 막 1:13

성경은 예수님이 광야에서 시험을 받으시고 난 뒤의 일을 이렇게 언급합니다. 주님은 시험에서 승리하셨습니다. 마귀가 떠나고 천사들이 와서 수종 들면서 비로소 주님의 공생애는 승리에서 출발합니다.

목회자는 목회하기 전에 우선 도시 한가운데서 영적 전쟁을 치러야 합니다. 그 도시 안에 영적 전쟁을 선포해야 하는 것입니다. 분열하고, 일어서지 못하고, 무너져 쓰러져 있는 그 한가운데서 흑암의 권세를 이겨내고 강력한 영적 전쟁을 치르고 승리해야 합니다. 그러고 나서 목회를 시작해야 합니다. 미적미적하게 구렁이 담 넘어가듯 목회를 하면 안 됩니다. 그렇게 하지 않으면 말씀이 사라진 강단, 말씀을 말씀으로 듣지 않는 냉랭한 성도들 가운데서 설교하다가 얼어붙을 지도 모릅니다.

설교자의 강단은 설교 전에 이미 결정됩니다. 영적 전쟁에서

강단은 회복되어야 한다

승리하고 나면 은혜의 물꼬가 터집니다. 영안으로 그 도시를 보고 교회를 보고 영적 전쟁에 나서야 합니다. 목회자의 사역은 외로운 싸움이 아닙니다. 영적 전쟁에서 승리하면 주님이 원군을 붙여주십니다. 영적 전쟁에서 이겨 사탄이 떠나가고 돕는 천사들이 다가오는, 은혜의 문이 열리는 경험을 하기 바랍니다.

그러기 위해서는 강단을 붙잡고 끝까지 기도해야 합니다. 미뤄서 될 일이 아닙니다. 선행되어야 하는 일이며, 무조건 승리해야 하는 싸움입니다. 오늘도 사탄의 시험은 계속되고 있습니다. 모든 상황 가운데 영적 통찰력을 가져야 합니다. 설교 가운데서 성령의 능력이 일어나지 못하게 하는 요건이 무엇인지 자세히 들여다보아야 합니다.

영적 전쟁은 실전입니다. 에덴동산에서부터 시작된 전쟁인 것입니다. 먹음직하고 보암직한, 육신의 정욕, 안목의 정욕, 이생의 자랑의 싸움인 것입니다. 창세기부터 수천년 동안 반복되고 있음에도 계속해서 넘어지는 이유는 인간의 치명적인 급소이기 때문입니다.

사탄의 힘을 대수롭지 않게 여기면 안 됩니다. 그러나 두려워할 필요는 없습니다. 우리 주님이 승리하심으로써 우리에게 승리의 자신감을 심어주셨습니다. 우리 주님은 대장 되신 예수 그리스도이십니다. 그리스도는 그분의 승리를 통해 우리에게 자신감을 불어넣어 주셨습니다. 사탄은 진리 앞에서 꼼짝하지 못합니다.

영적으로 말씀에 사로잡혀 있을 때 마귀가 도전하면 금방 알아챕니다. 그러나 말씀에 사로잡혀 있지 않으면 금방 넘어집니다. 진리로 무장해 예수님처럼 날마다 승리를 경험하고 영적 전쟁에서 마귀를 제압하면 하나님이 길을 열어주실 것입니다. 돕는 천사와 동역자들을 붙여주시고 하나님의 일들을 이루실 것입니다.

우리에게 일상과 삶은 전쟁입니다. 장소와 시간의 구분이 없습니다. 끊임없는 영적 전쟁에서 승리해야 합니다. 목회자로서, 설교자로서 삶과 일상을 지켜내야 합니다. 삶으로 설교를 준비해야 합니다. 이 전쟁을 이겨내고 체험한 말씀을 전할 때 그 영향력은 어느 누구도 예상할 수 없을 정도로 파급력이 있고 강대할 것입니다.

강단은 회복되어야 한다

Chapter 3.

진정성 있는
목회

설교자의 체험은 비언어적 요소이지만 설교에 큰 영향을 줍니다. 말씀 안으로 들어가 본 체험이 중요합니다. 설교자의 영혼이 어떤 상태인지에 따라 설교가 달라진다는 뜻입니다. 서울을 가본 사람과 그렇지 않은 사람의 이야기는 다를 수밖에 없습니다. 미묘한 차이가 나타나는 거죠. 결국 자신이 경험해 보지 않은 것을 말하는 데는 한계가 따릅니다.

"설교는 설교자 영혼의 전시다"

설교자 자신은 기도하지 않으면서 기도하라고 말한다면 설득력이 떨어집니다. 아무리 큰 소리로 성경 구절을 읊는다고 해도 자신이 살아내지 않은 것에 대한 설교에는 한계가 있습니다. 비언어적 요소인 뉘앙스에서 미묘한 차이가 납니다. 설교자가 삶에서 물질에 대한 헌신도가 떨어지면 강단에서 열정적으로 헌금에 대해 설교한다고 해도 진실성이 결여될 수밖에 없습니다.

자신의 삶과 말씀의 괴리로 진실성이 결여되면 성도들에게 전달될 때 설교에 힘이 없습니다. 이 진실성 또한 비언어적 요소입니다. 말씀을 직접 삶으로 살아낸 사람은 그 말씀을 투박하고 단순하게 전하는데도 삶의 무게가 얹히기 때문에 위력을 발휘하게 됩니다. 이는 언어로 드러나지 않은 비언어적 요소입니다. 말씀을 삶으로 살아내고 경험해 본 것입니다. 성도들은 설교를 듣기만 하는 게 아니라 눈으로 보기도 합니다. 설교자가 강단에 서면 목회자의 영혼이 드러날 수밖에 없습니다.

설교자가 말씀대로 살기 어렵다는 것을 절감하고 있다면 그 말씀에 대한 진지함이 드러나게 됩니다. 말씀대로 살지 못한 것에 대한 안타까움이 드러나는 것입니다. 설교에 "말씀대로 살아내기 위해 함께 노력합시다"라는 설교자의 간절함과 고뇌가 드러나야 성도들에게 그 진실함이 통합니다. 설교자 자신은 고민도 안 하면서 이러저러하게 살아가라고 큰소리를 치거나 영혼 없이 지식만 전달하는 설교는 설득력이 떨어집니다.

설교자 본인이 스스로 살아내고자 애쓰는 말씀을 전할 때 청중의 마음에 파고드는 메시지를 전할 수 있습니다. 진실성 없는 설교는 허공으로 흩어집니다. 그러므로 설교자는 말씀을 가지고 씨름해야 합니다. 스스로에게 "나는 이 말씀대로 살고 있는가?"라고 묻고 또 고민해야 합니다. 이렇게 한다고 해도 우리 인간은 온전히 하나님 말씀대로 살기 어렵습니다. 설사 하나님 말씀대로 산다고 해도 그것으로만 설교한다면 목회자는 더 이상 할 설교가 없습니다. 그럼에도 목회자가 설교하는 이유는 말씀을 전해야 하는 사명을 받았기 때문입니다.

하나님 말씀에 완벽하게 순종할 수 없다는 사실을 인정하고 그렇게 살려고 애쓰는 고뇌가 설교에도 묻어나야 합니다. 여기서는 '고뇌'라는 단어가 중요합니다. 고뇌하는 자세가 없으면 청중에게 너무 쉽게 말씀을 전하거나 경박하게 강요하거나 윽박지르는 폭력성을 드러내게 됩니다. 성도들과의 교감이 없는 일방적 선포는 성도들에게 전달되기도 전에 강단 바로 앞에서 맥없이 고꾸라지고 맙니다. 성도들과 교감을 이룬 설교는 설교자의 진실성을 통해 만들어집니다. 이 시대에 설교의 가장 중요한 요소가 바로 이 부분이라고 생각합니다. 이것을 놓치면 백 마디의 말을 해도 소용없습니다.

비언어적 요소인 진정성은 전달하는 메시지 외에 억양과 얼굴 표정, 몸동작에서도 미묘하게 묻어납니다. 여기서 모든 것이 결정됩니다. 진정성을 잃어버린 목회자는 허울만 가진 설교자로 전락해 강단에서 열정적으로 외쳐도 아무도 반응하지 않습니다. 아무도 믿지 않아서 그 말이 허공에서 메아리칠 뿐입니다.

분주하지 않은 목회를 해야 합니다

요즘 유진 피터슨(Eugene H. Peterson)의 "분주함은 배교적 행위다"라는 말이 귀에 쟁쟁합니다. 목회자 스스로 뭔가 하려고 하는 등 하나님을 벗어난 자기중심적인 삶, 하나님이 배제된 삶은 분주해질 수밖에 없습니다. 분주하면 이미 하나님 중심성을 잃어버린 것입니다. 자기우상화, 자기성취에 빠져 자신과 관련된 일에만 몰두하게 됩니다. 시간에 쫓겨 분주하면 영성이 깨지고 묵상하는 시간을 갖는 것이 어려워집니다. 그러면 사고가 일어납니다. 이런저런 일로 설교가 뒷전으로 밀리면 자연히 묵상이 약화되고 설교도 약화됩니다. 성경을 더 깊이 읽고자 한다면 속도를 늦춰야 합니다. 그래야 피상성을 극복할 수 있습니다.

디지털 시대로 변화됨에 따라 사람들의 난독증이 심해지고 있다고 합니다. 영상과 디지털미디어의 영향으로 많은 성도가 성경책을 보지 않고 핸드폰에 빠져 있습니다. 아무리 디지털 기술이 좋다고 해도 종이 책장을 넘기면서 책을 읽는 것이 중요합니다. 마음을 치는 내용이 있으면 연필로 줄을 그어 가면서, 책장이 넘어가는 소리를 들으면서 읽어야 합니다. 손으로 책장을 넘기며 성경을 읽는 것과 디지털 기기로 읽는 것은 차원이 다릅니다.

바쁘게 돌아가는 시대지만 의식적으로 속도를 늦춰 분주한 삶을 차단하고 좀더 묵상하는 삶, 사색 있는 삶을 찾을 필요가 있습니다. 이처럼 성경 안으로 깊숙이 몰입해 들어가려는 노력을 하지 않으면 설교자는 장사꾼이나 말쟁이가 되고 맙니다. 말하는 스킬이나 제스처는 설교에 영향을 주지 못합니다. 이런 것은 중요하지 않습니다.

설교자는 연구와 기도, 노력을 동원해 깊이 묵상함으로써 하나님 말씀의 비경 안으로 들어가야 합니다. 그 말씀에 푹 잠겨 말씀의 풍성함과 기름짐이 조금씩 새어 나와야 합니다. 내면이 채워지지 않았는데 어마어마한 것을 가진 것처럼 막 쏟아내면 누구에게도 영향을 줄 수 없습니다.

설교자에게는 묵상이 중요합니다. 하나님 말씀을 곱삭히는 작업, 내재화하는 작업이 바로 묵상입니다. 묵상할수록 하나님의 말씀은 더욱 명료해지고 단순해집니다. 말씀에 대한 집중력이 생깁니다. 그리고 이때 비로소 성도들의 영혼 속으로 밀고 들어가는 힘이 생깁니다.

Part 2

설교로만 끝나서는 안 된다

Chapter 1.

설교자의
자기 관리

먼저 설교자는 자신의 삶에서 설교가 어느 정도 우선순위에 놓여 있는지 생각해 보아야 합니다. 설교를 중요하다고 여기며 가장 우선적으로 시간을 할애하고 있습니까? 그렇다면 설교를 언제부터 준비하고, 준비하는 데 어느 정도 시간을 내야 할까요? 삶에서 매일 이런 요소들이 결정되어야 합니다. 설교를 중요하게 생각한다고 하면서도 설교 준비에 시간을 조금만 할애한다면 그것은 말뿐인 설교요, 어떤 영향력도 끼칠 수 없는 설교가 되고 맙니다.

청중이 설교자에게 원하는 것이 무엇인지 알아야 합니다

설교자에게 설교는 가장 우선순위에 있어야 하고 설교를 위해 많은 시간을 할애해야 합니다. 목회할 때는 어떤 경우에도 설교를 준비하는 시간만큼은 양보하지 않겠다고 철저히 보호막을 치고 시간 관리를 해야 합니다. 설교가 중요하다는 사실을 알면서도 설교 준비에 우선순위를 두지 않는 설교자가 많습니다. 현실적으로 급한 일을 처리하기 바쁘고 이 일 저 일을 하다 보면 결국 주말에 쫓기듯 설교 준비를 하게 됩니다. 이처럼 설교자의 삶에서 설교 준비할 시간을 최대한 확보한다는 것은 자기와의 싸움이기도 합니다.

시드니에서 목회할 때 교회가 빠르게 성장하면서 교인 수가 늘어나 심방이 많아지고 바빠졌습니다. 그래서 일일이 심방을 다니다 보니 설교 준비에 어려움이 생겼습니다. 설교를 철저히 준비해서 예배에 참석한 회중이 은혜를 받는다면 그것이 더 좋은

설교로만 끝나서는 안 된다

일이라는 판단 아래 설교 준비에 심혈을 기울였습니다. 그러자 말씀에 대한 교인들의 이해력이 높아지고 지혜로워져 심방으로 만나지 않아도 설교를 통해 성숙한 그리스도인으로 성장해 나갔습니다.

또한 도서와 자료를 정리해 주고 나름대로 돕는 비서를 둔다면 설교 준비에 더 집중할 수 있습니다. 이것은 목회자에게 주어진 시간의 질을 높이는 방법이기도 합니다. 설교자가 모든 것을 다 하려다 보면 낭비되는 시간이 많을 수 있습니다. 부교역자에게 위임할 것은 위임하고 설교자 자신의 시간을 오직 말씀에 집중해 나가는 것, 시간의 밀도를 높이기 위한 노력이 필요합니다.

종종 이민 목회자들은 교인들의 이사를 도와주고 타국으로 이민을 온 사람들을 위해 공항에 데리러 나가고 자녀 입학을 도와주기도 합니다. 그런데 나중에 보면 그런 현실적인 도움만 받았던 사람들은 교회를 떠납니다. 그들의 영이 갈급했기 때문입니다. 누군가 이민을 왔을 때 자기 교회의 교인으로 삼으려고 시간과 정성을 들여 가며 열심히 도와주다 보면 목회자 자신은 정작 말씀에 집중하지 못하게 됩니다. 교회는 소셜클럽이 아닙니다. 말씀으로 한 영혼을 세워 가는 것이 진정한 목회자의 역할 아니겠습니까! 목회자에게 주어진 최고의 영광은 설교입니다. 설교가 곧 목회이고 리더십이고 권위입니다. 설교로 회중을 이끌어 가야 합니다.

설교 준비를 위한 시간을 최우선적으로 확보해야 합니다

설교자의 삶에서 시간 관리는 정말 중요합니다. 설교자는 시간에 철저해야 합니다. 그리고 말씀 중심의 목회를 해야 합니다. 목회 초기에 교인들이 "목사님과 이야기할 수 있는 시간이 많지 않아"라고 불평할 수 있지만 결국 성도들의 영혼이 말씀으로 배부르게 되면 그런 불평불만은 사라집니다. 영혼의 충만함이 없는 것이 문제입니다. 목회자는 무엇으로 성도들을 만족시킬 것인가 선택해야 합니다.

그렇다고 설교만 하고 다른 목회 활동을 전혀 하지 말라는 뜻이 아닙니다. 이것은 무엇을 우선순위에 두느냐 하는 문제입니다. 시간 관리를 얼마나 잘하느냐, 설교 준비 시간을 얼마나 확보하느냐 하는 것이 결국 목회의 성패를 좌우합니다. 설교는 누구와 같이하는 협력 작품이 아니라 홀로 자신과 싸우며 만들어 가는 일입니다. 서재에서 엉덩이를 뭉개고 앉아 있어야 합니다. 목회를 잘하려면 엉덩이가 무거워야 한다는 말입니다.

서재 안에 갇혀 산다는 건 쉽지 않은 일입니다. '스스로 만든 감옥'에서 지내는 셈입니다. 어떤 목회자는 그 창살을 벗어나 바깥으로 탈출하려고 합니다. 그러나 그 감옥 안에서 차분히 하나님과의 시간을 보내고 말씀 읽는 시간을 가지면 그 외 다른 것은 저절로 됩니다. 시간을 자기 마음대로 쓰면 어떻게 될까요? 부도가 납니다. 삶이 깨어지고 목회도 깨어지고 맙니다. 목회자는 '시간의 연금술사'가 되어야 합니다.

개인적으로 누구에게 함부로 시간을 내어 주는 것을 굉장히 힘들어합니다. 그래서 외부 집회도 철저하게 통제합니다. 오라는 대로 다 가고 만나자는 대로 다 만나다 보면 설교가 펑크 납니다. 이사회나 다른 모임에서 맡은 직분이 있긴 하지만, 시간을 무서울 정도로 관리하고 절제합니다. 이렇게 지내다 보니 다른 길이 생기는 경험을 합니다. 회의도 영상으로 할 수 있게 되었습니다. 시간을 확보하지 않으면 삶의 우선순위가 밀리기 시작하고, 결국 몸도 마음도 정서도 다 깨지게 됩니다.

삶의 우선순위를 잡지 않으면 시간은 뒤엉켜버립니다. 예수님은 굉장히 바쁘셨음에도 하실 일은 다 하셨습니다. 예수님은 "다 이루었다"고 말할 만큼 완성적 삶을 사셨습니다. 예수님은 전심을 다해 자신의 길을 가신 분입니다. 바빠도 중심이 잡힌 바쁨이었습니다. 중심이 정확하게 잡혀 있는 사람은 바빠도 괜찮습니다. 우선순위에 맞춰 할 것을 하고 다른 일을 하기 때문에 충분히 완급 조절이 되는 것입니다. 예수님은 기도의 시간을 귀중하게 여기셨습니다. 이것이 시간의 중심 잡기의 핵심입니다. 이때는 삶이 무질서하지 않습니다.

또한 자신이 할 일과 위임할 일, 포기할 일을 구분해야 합니다. 시간의 가지치기를 분명히 해야 합니다. 설교자에게 우선순위는 무엇입니까? 말씀 준비입니다. 그리고 다른 일에서 포기해도 될 일과 위임할 일은 무엇입니까? 말씀 전하는 사역자가 되어 말씀 준비가 중요하다고 말하면서도 지금 다른 것에 우선순위를 두고 시간을 사용하고 있지는 않습니까?

시간에 집중력을 가지십시오

시간을 확보했다면 그것에 집중력을 가져야 합니다. 시간에 집중력을 가져야 그 시간이 시간다워집니다. 집중력이 없으면 그 시간은 조각난 시간입니다. 조각난 시간은 시간의 질량이 떨어지기 때문에 그냥 공중분해되고 맙니다. 많은 시간이 지났는데도 나중에 보면 아무것도 한 게 없습니다. 결국 우리 인생은 시간의 질량에 있어 차이가 납니다.

예를 들어 모두에게 똑같이 두 시간이 주어졌는데 다르게 씁니다. 질량의 집중력이 있는 사람은 두 시간에 몇 가지 일도 잘해 냅니다. 반면 어떤 사람은 두 시간인데 아무것도 한 게 없습니다. 시간의 집중력이 있는 사람들은 바빠도 즐깁니다. 그 시간 안에서 또 다른 시간을 만들어냅니다. 시간을 재창조하는 겁니다. 시간의 집중력을 갖고 있기 때문에 어느 때는 시간이 남기도 합니다. 그 남는 시간에 여러 가지를 할 수 있습니다. 책도 읽고 음악도 듣고 산책도 하고 필요한 사람에게 전화도 하면서 그 남는 시간을 재투자합니다. 반면 시간에 쫓기는 사람은 절대 그렇게 하지 못합니다. 여유가 없기 때문에 늘 피곤합니다.

시간의 완급 조절을 잘해야 합니다. 시간의 질량과 집중력을 높이려면 인터넷, 핸드폰, TV, 매스 미디어(mass media)와 싸워야 합니다. 스티브 잡스는 자신의 자녀들에게 아이폰을 쓰지 못하게 했다고 합니다. 자기가 만들었지만 집중력을 떨어뜨리고 삶을 산만하게 만든다는 이유였습니다.

독서가 뒷받침되지 않는 설교는 지루합니다

설교자에게는 서재가 중요합니다. 설교자는 책을 읽으며 지성을 가꾸는 작업을 꾸준히 해야 합니다. 독서하는 사람과 그렇지 않은 사람의 차이가 나중에는 큰 결과로 나타납니다. 설교만을 위한 독서가 아니라 설교자 자신의 지성을 채우는 독서도 필요합니다. 지성의 날을 날카롭게 세워 두어야 합니다. 목회는 단기가 아니라 수십 년 해야 하는 장기 과업이기 때문입니다. 설교가 지루하다는 것은 설교자가 책을 읽지 않는다는 증거입니다.

한국 교회에 퍼져 있는 반지성주의를 경계해야 합니다. 묵상도 마찬가지입니다. 독서하지 않으면 설교에서 늘 하던 이야기를 반복할 수밖에 없습니다. 자신의 과거 얘기만 하게 됩니다. 물이 자연의 법칙에 따라 흘러가듯 생각도 흘러가야 합니다. 물이 흐르지 않으면 이끼가 끼기 마련입니다. 생각의 근육은 금방 굳어지기 때문에 설교자는 평생 학습자가 되어야 하고, 독서를 통해 상상력과 사고의 폭을 넓혀 나가야 합니다. 다양한 영역에 관심을 가지고 접근하려는 태도가 필요합니다.

독서는 설교의 결정적 요소입니다. 책을 통해 설교자는 자신이 늘 보던 관점이 아닌 또 다른 관점에서 상황과 사물을 볼 수 있습니다. 이로 말미암아 사고의 파격이 일어나고 이전과 다른 사고의 세계로 들어가게 됩니다. 자신도 모르게 갇혀 있던 세계를 뛰어넘는 작업인 사고의 확장은 독서를 통해 일어납니다. 책의 도움을 받을 수 있다는 것은 설교자에게 큰 축복입니다.

결국 설교자가 얼마나 많은 책을, 어떤 영역의 책을 읽느냐 하는 것이 설교의 질을 결정합니다. 평소 얼마나 많은 책을 읽는지 독서의 양도 중요합니다. 독서는 설교자와 떼려야 뗄 수 없는 관계라고 할 수 있습니다.

특히 설교자가 가장 우선시해야 할 작업 중 하나가 원전(原典)에 충실한 책을 읽는 것입니다. 본문을 정확하게 해석하고 깊이 있게 주해한 책을 읽어야 합니다. 번역된 주석서와 해설서뿐 아니라 좋은 내용의 영어 원서를 가지고 있으면 많은 도움이 됩니다. 우리말로 번역된 해설서가 많이 없어 성경 주해가 충실한 영어 원서를 보는 것이 주해 작업에 여러모로 도움이 되기 때문입니다.

호주에서 지내는 동안 가장 유익했던 일들 가운데 하나가 설교에 필요한 책들을 사 모은 것입니다. 창세기부터 요한계시록까지 좋은 책을 많이 구입했습니다. 미국 크로스웨이출판사에서 나온 시리즈나 영국 크리스천포커스출판사에서 나온 시리즈도 좋습니다. 로이드 존 오길비(Lloyd John Ogilvie)나 켄트 휴스(Kent Hughes) 등 전문가가 집필한 책들을 시리즈로 모을 수 있었습니다. 이런 책들을 갖고 설교를 준비할 때면 영어 원문을 통해 받게 되는 영감이 있습니다. 이처럼 신학적인 책들 중에서 특히 성경 해석을 도와주는 책들을 꾸준히 읽는 것이 좋습니다. 요즘 읽고 있는 책들 가운데 앤서니 C. 티슬턴(Anthony C. Thiselton)의 《해석의 새로운 지평》은 내용이 조금 어렵긴 하지만, 소화할 수 있다면 해석하는 데 도움이 되는, 건질 만한 것이 아주 많은 책입니다.

번역서도 좋은 성경 신학적 책들이 많이 나와 있는데, 이런 책들을 꾸준히 읽으면 피가 되고 살이 됩니다. 금방 효과를 볼 수 없어도 보약을 먹듯 꾸준히 읽다 보면 나중에 큰 영향력을 발휘할 것입니다. 성경 신학적 책들은 성경 전체를 이해하는 데 도움을 줍니다. 그래서 이런 책들을 통해 전체적으로 균형 잡힌 맥을 잡고 넓고 깊게 볼 수 있는 안목을 길러주는 작업을 평소에 꾸준히 해야 합니다.

그다음으로 인문학 책들을 읽어야 합니다. 인문학 책들도 꾸준히 읽을 필요가 있는데, 그중 철학자 한병철이 쓴 책들은 한번 읽어 볼 필요가 있습니다. 독일에서 활동하는 철학자인 그는 《피로사회》, 《아름다움의 구원》, 《시간의 향기》, 《에로스의 종말》 등이 있습니다.

문학 작품도 읽으면 좋은데, 특히 우리 인간의 삶을 이해하려면 소설을 읽는 것이 좋습니다. 소설을 읽으면 한 사람의 생애를 간접적으로 경험할 수 있습니다. 또한 인간을 이해하는 데 도움이 될 뿐 아니라 언어적인 요소에서도 좋은 영향을 받게 됩니다. 문학 작품에 나오는 언어는 어떤 스토리를 풀어 나가는 관점에서 다양한 기교나 언어유희를 사용하는 데 참 탁월합니다. 무라카미 하루키의 작품이 전 세계적으로 호평을 받고 수십 개 언어로 번역된 이유는 술술 읽힐 만큼 부담이 없기 때문입니다. 설교자들은 문학 작품을 통해 이렇게 이야기를 풀어 나가는 방법을 배워야 합니다.

문학 작품에서 소설 외에도 시를 꼭 읽어야 합니다. 시는 상상력을 불러일으키고 감성을 자극합니다. 시의 세계로 들어가면 몇 줄 안 되는 글에 큰 감동을 받습니다. 감성의 세계를 건드리고 상상력을 불러일으키는 데 시만큼 좋은 장르가 없습니다. 몇 줄 안 되는 짧은 글이지만 시인은 그 몇 줄을 그냥 쓴 게 아닙니다. 어마어마한 스토리와 경험을 몇 줄로 압축한 것입니다.

또한 개인적으로 문학비평서를 좋아하는데, 평론가들의 책을 읽으면 문학 전반을 이해하는 데 도움이 됩니다. 쉽게 읽히면서 감동이 있는 에세이도 추천합니다. 에세이는 읽기 쉬우면서도 부드러운 문체로 청중에게 다가가는 글이다 보니 아주 맛깔나게 읽히는 장점이 있습니다. 설교자에게는 다른 책보다 에세이를 많이 읽으라고 권하고 싶습니다. 좋은 글이 자기 입에 익숙하도록 만든다면 자신도 모르는 사이에 그 언어가 우리의 입술을 통해 터져 나오게 되기 때문입니다.

개인적으로 좋아하는 분야 가운데 하나인 심리학은 인간의 내면 세계, 인간이 받는 심리적 상처에 어떤 것들이 있는지 알게 되어 인간을 이해하는 데 도움이 됩니다.

그리고 영성 관련 책도 읽어야 합니다. 과거 성장을 추구하던 시대에서 영성을 추구하는 시대로 넘어왔습니다. 설교자는 교인들을 영성의 세계로 이끌어 가는 데 관심을 가져야 합니다.

이런 책들을 읽으면서 교인들이 영성의 세계를 계속 들여다보게 만들고, 책과 말씀을 연결시키는 것이 설교자의 능력입니다. 즉 책의 내용을 어떻게 자기화할 것인가 하는 문제도 생각해 볼 필요가 있습니다. 따라서 독서를 독서에서 끝내는 것이 아니라

설교로만 끝나서는 안 된다

독서 이후에 자료 정리 작업을 빼놓지 않고 해야 합니다.

독서는 사유의 힘을 기르는 것이 목적이기 때문에 결과적으로 설교 준비에 가장 큰 도움을 주는 요소입니다. 책을 통해 얻은 통찰력이 설교로 이어집니다. 창조적 설교는 통찰력으로부터 나옵니다. 이처럼 영감을 얻을 수 있는 통로가 중요합니다. 사람과의 좋은 교제도 그런 통로가 되어 주지만 평소 좋은 책과 관계를 맺어 놓으면 독특한 영감과 통찰력을 얻게 됩니다. 영감을 주는 책, 상상력을 불러일으키는 책은 설교의 마중물 역할을 할 것입니다.

존 맥아더는 "학자처럼 연구하고 친구처럼 설교한다"라고 말했습니다. 연구와 묵상을 통해 이것이 가능하지 않을까 생각해 봅니다. 독서를 통해 충분히 묵상하게 되었다면, 이후로는 더 깊은 연구를 통해 설교를 풍성하게 만들 수 있어야 합니다. 요즘 사람들은 뻔한 얘기에 감동하지 않습니다. 1급수 물을 찾기 위해선 더 깊이 들어가야 합니다. 그러려면 목회자 스스로 끊임없이 의문을 가지고 묻고 또 묻고 느껴야 합니다.

머릿속에서 이런 생각을 끊임없이 일으키는 능력, 본문에 집중한 뒤 다른 본문과 연결시킬 수 있는 능력은 신학적 배경이 없으면 할 수 없는 일입니다. 이곳저곳 건드리다가 끝내 버리는 것이 아니라 깊이 있는 연구 작업이 필요합니다. 본문에 등장하는 인물과 지명, 단어 하나하나가 연구해야 할 대상입니다. 요즘은 분야별로 많은 책이 나와 있어서 연구하는 데 도움을 받을 수 있습니다.

중요한 것은 결코 가볍게 연구해선 안 된다는 사실입니다. 깊이 있게 연구해야 하는데, 이는 시간과의 싸움에서 결정됩니다.
지금 자신의 생활 패턴과 시간 관리로 이런 연구와 묵상, 독서가
가능한지, 설교의 수준을 더 높일 수 있는지 질문해 봐야 합니다.

Chapter 2.

설교자의
영성 관리

설교자에게는 영성 관리가 매우 중요합니다. 너무 중요해서 이미 여러 형태로 이야기를 들었을 것입니다. 설교 작성 행위에 초점을 맞추기 이전에 먼저 설교자의 영성이 다루어져야 합니다.

설교자의 영성 관리는 결국 설교자의 일상 관리라고 해도 과언이 아닙니다. 설교자의 삶은 어느 하루, 어느 한 주간을 잘라내도 거기에 영성의 빛이 서려 있어야 합니다. 설교자로서 갖춰야 할 영성의 면모가 시간과 공간을 초월해 드러나야 합니다. 설교 원고를 작성하기 이전 설교자의 마음 상태가 매우 중요하다는 뜻입니다. 설교 준비보다 마음 관리가 선행되어야 합니다.

설교자의 일상은 단순해야 합니다

설교는 설교자의 인격과 영성을 거쳐 나오는 것으로, 설교자의 일상을 점검하지 않고는 설교를 논할 수 없습니다. 설교자는 항상 평온한 마음을 유지하기 위해 힘써야 합니다. 분주하지 않고 차분하고 단출한 생활을 통해 묵상의 샘이 늘 솟아오르도록 일상을 살아가야 합니다. 핵심은 설교자의 마음 관리입니다. 마음의 그릇이 깨어지면 설교를 담아내기가 어렵습니다. 마음이 복잡하고 혼란스러우면 설교 준비 자체가 어렵습니다. 마음이 복잡하면 말씀의 세계 안으로 들어갈 수가 없습니다. 산에 오르려면 그전에 기본적인 준비를 해야 하는 것과 마찬가지입니다. 높은 산을 오를 때는 더 많은 준비를 해야 합니다. 성급하게 서두르면 등정은 고사하고 실족사하고 맙니다.

설교자는 단순한 삶을 유지할 수 있도록 힘써야 합니다. 현대

설교로만 끝나서는 안 된다

사회에는 산만하고 복잡하고 소란스러운 일, 우리의 마음을 빼앗는 것이 너무 많습니다. 설교자의 영성 관리나 마음 관리, 일상 관리는 자신과의 치열한 싸움입니다. 벚꽃이 흩날려도 벚꽃에 마음이 흔들려선 안 됩니다. 공휴일이나 연휴, 명절, 휴일이 아무리 많아도 담임목회를 하면 금요철야나 새벽기도, 주일설교를 철저히 지켜야 합니다.

그 누구도 설교의 자리를 대신할 수는 없습니다. 말씀이 아닌 것에 마음을 빼앗겨서는 안 된다는 뜻입니다. 말씀에 승부를 걸고 말씀의 길을 걷고 말씀 중심의 목회를 하겠다고 하면, 하나님 말씀의 통치를 믿고 강단 중심으로 목회를 하겠다고 하면 결단해야 합니다. 심플 라이프, 즉 단순한 삶으로 일상을 관리할 필요가 있습니다.

설교는 설교자의 영성의 현주소를 보여줍니다

앞서 설교자가 영성 관리를 할 때 마음 관리가 중요하다고 했습니다. 미움이나 분노, 시기, 염려, 원망, 불평, 음란 등의 감정을 품었거나 갖가지 중독이나 반복되는 좋지 않은 습관이 있으면 설교자의 마음밭은 쑥대밭이 되고 맙니다. 말씀의 비경 안으로 들어가고 그 말씀을 성도들에게 선포하는 일은 고도의 집중력을 필요로 하는데, 마음이 복잡하면 설교하다가도 옆으로 새기 일쑤입니다.

자신의 설교를 한번 점검해 보길 바랍니다. 사실 말씀의 집중도와 몰입도를 높이는 일은 그리 쉽지 않습니다. 마음이 깨끗해지도록 늘 청소하고, 말씀의 거울에 비친 자신의 모습을 성찰해 봐야 합니다. 목회자에게는 경건 생활이 중요합니다. 내면에 부정적인 생각이 끼어들면 그것이 자신을 힘들게 하는 원인이 됩니다. 에너지를 거기에 쏟게 만들어 말씀 안으로 들어가지 못하도록 하고 영혼을 흐리게 만드는 겁니다. 영성이 깊어지지 않으면 말씀 안으로 들어가지 못하고, 신앙의 변두리에서 배회하다가 설교를 말잔치로 끝내버리게 됩니다. 그러면 그 영혼이 피폐해지는 것은 말할 것도 없고, 그런 무책임한 설교는 사건과 사고로 이어집니다. 설교자의 빗나간 삶은 설교를 통해 드러납니다.

　목회자가 설교 준비와 자기 관리에 시간을 들이지 않는다면 시간이 남아돕니다. 그러면 그 남는 시간에 바깥으로 돌아다니게 됩니다. 이렇게 되면 설교자가 성도들의 영혼을 말씀으로 이끌어 주지 못하는 것에서 끝나지 않고 자기 영혼을 말씀의 굶주림 상태로 방치할 수 있는 심각한 위기에 빠지게 됩니다. 그리고 나중에는 목회 전체가 위기에 처하게 됩니다. 성도들의 영이 굶주리면 그 교회의 담임목사에게 책임을 물을 수밖에 없습니다. 그 자리에서 물러나게 하는 겁니다. 따라서 영성 생활과 설교 생활은 떼려야 뗄 수가 없습니다. 설교가 곧 영성의 현주소가 됩니다. 영성이 고스란히 묻어나는 곳이 바로 강단이 되어야 합니다.

성령의 역사는 설교자의 기도에서 시작됩니다

　설교와 기도의 관계를 살펴보겠습니다. 설교는 목사가 하지만 설교를 통한 말씀의 역사는 성령이 하시는 일입니다. 성령의 도

우심이 빠진 설교는 허약하고 위태로울 수밖에 없습니다. 말씀이 성도들의 가슴에 파고들어 가려면 성령의 역사가 필요합니다.

성령의 역사하심을 원한다면 기도의 중요성을 강조하지 않을 수가 없습니다. 설교자는 성도들에게 전할 말씀을 품에 안고 시간을 보내야 합니다. 바로 기도를 통해서입니다. 기도가 동반되지 않은 설교는 가볍습니다. 기도를 통해 전하고자 하는 말씀과 설교자 자신이 하나 되는 경험이 일어나야 합니다. 기도로 그 말씀을 품고 있을수록 설교가 깊어집니다. 그런데 기도는 보이지 않는 영역이다 보니 간과하기가 쉽습니다. 기도와 설교가 분리될 수 없음에도 설교자는 설교와 기도를 쉬이 분리시킵니다. 설교 안에 기도가 포함되어야 합니다. 개인 기도가 쌓이면 기도의 능력으로 나타나고, 그것이 강단에서 그대로 드러납니다.

설교가 공적 사역이라면 기도는 사적 사역입니다. 하나님의 말씀을 대언하는 자로서 기도가 쌓이지 않으면 그 사역을 수행하기 어렵습니다. 사실 말씀 읽는 것과 기도하는 것은 서로 붙어 있습니다. 말씀을 보다가 그 내용이 깨달아지지 않으면 "주님, 도와주십시오"라고 기도하는 가운데 말씀의 눈이 떠지는 경험을 참 많이 합니다. 영이 메말라 있으면 영적 수로가 막히는데, 이 영적 수로를 여는 것이 바로 기도입니다. 기도의 문이 열리면 말씀의 문도 열릴 수 있습니다.

기도가 없으면 회중을 변화시키거나 회심으로 이끌 수 없습니다. 목회자가 할 일은 말씀이 선포되는 가운데 성령의 역사가 일어나도록 기도하는 것입니다. 기도를 소홀히 하면 어느 순간부터 설교가 맥없이 공전하기 시작합니다. 그러면 성경 교사는 할 수 있을지언정 능력 있는 설교자로 쓰임받기는 어렵습니다. 성경 말씀이 탄두라면 기도는 탄두의 불을 붙이는 역할을 합니다. 불이 붙지 않으면 탄두는 고철 덩어리에 불과합니다.

앞서 말했듯 꾸준히 독서해 온 사람과 하지 않은 사람은 다른 길을 걷게 됩니다. 책을 읽지 않은 사람은 10~20년 동안 쌓인 독서량을 따라갈 수 없습니다. 기도도 똑같습니다. 기도를 안 해도 겉으로는 별로 표가 나지 않습니다. 그러나 기도를 쌓지 않으면 기도를 쌓으며 살아온 사람과 전혀 다른 길을 걷게 됩니다.

지금은 기도하지 않은 채 요령껏 살 수 있다고 생각할지 몰라도 머지않아 드러납니다. 무서운 일이 아닐 수 없습니다. 코로나19로 교회가 문을 닫는 상황에서 앞으로 이런 일이 반복되어 나타난다면 목회자는 존재할 수 있을까요?

이 시국에 목회자는 무엇을 할 것인가, 무엇으로 버텨야 할 것인가 하는 본질적인 질문을 하지 않을 수 없습니다. 설교자를 버티게 하는 본질적 힘이 무엇인지 깊이 생각해 봐야 할 때입니다.

설교로만 끝나서는 안 된다

Chapter 3.

설교자의 태도

설교자는 지나치게 자신만만해선 안 됩니다. 특히 설교에 잘 난 척하고 싶다는 마음이나 지식 자랑, 지적 우월감이 들어가면 안 됩니다. 그런 경우 자칫하면 청중을 무시할 수 있습니다.

또한 설교자가 부정적으로 접근하거나 어두운 면만 들여다보면서 비판적 관점으로 설교하는 행위도 굉장히 위험합니다. 복음은 항상 밝고 긍정정인 것이기 때문입니다. 그렇다고 설교가 가벼워도 좋지 않습니다. 개그나 우스꽝스러운 농담을 하면 강단을 가볍게 만들 수 있습니다. 덩달아 강단에 선 설교자도 가볍게 보일 수 있습니다. 강단에서는 수준 있는 유머가 필요합니다. 수준 낮고 가벼운 유머를 남발하는 행위는 삼가야 합니다.

설교하면서 진짜로 화를 내는 경우도 있습니다. 짜증을 낸다고 할까요? 큰 소리로 말할 때 그것은 열정이 아니라 분노의 표현일 수 있습니다. 설교자의 말은 날카로워서도 안 됩니다. 설교가 잔소리가 되지 않도록 해야 합니다.

겸손과 담대함을 겸비해야 합니다

설교는 청중을 끌어안는 것입니다. 복음의 능력은 희망을 주고 모든 사람을 끌어안는 것이지 내치는 것이 아닙니다. 말씀을 힘 있게 전달하되 교인을 내치고 쫓아내는 것이 아니라 끌어안는 포용력이 있어야 합니다. 이런 포용력이 교회 공동체를 결정합니다. 말씀을 통해 문제를 지적하고 회개를 촉구해야 하지만 마지막 결론에는 모두를 끌어안는 희망, 회복, 다시 시작함이 있어야 합니다.

또한 설교자는 겸손과 담대함으로 무장한 채 강단에 서야 합니다. 호주에서 동역했던 사역자들 가운데 한 분이 설교를 참 잘했습니다. 당시 20대 후반으로 나이도 어렸는데 그는 강단에 서면 청중을 사로잡았습니다. 그것을 보면서 '아, 설교는 나이가 많다고 잘하는 것이 아니구나'라고 깨달았습니다.

말씀에 권위가 있으면 설교자는 좌중을 압도합니다. 설교자가 말씀으로 충실히 준비되어 있으면 청중은 거기서 안정감을 느낍니다. 설교자는 불편한 에너지를 쓸 필요가 없습니다. 말씀으로 이끌어 모든 청중이 그 말씀에 집중하도록 만들어야 합니다. 설교자가 겸손하면서도 당당한 태도로 강단에 서면 어느 누구도 그 저력을 업신여기지 못하고, 설교에 귀 기울이게 될 것입니다.

설교할 때 성도들에게 경어를 사용하는 등 존중하는 태도로 최대한 예의를 갖추어야 합니다. 불안한 표정을 내보이거나 우물쭈물 망설이는 태도를 보여서도 안 됩니다. 설교자가 전하는 말씀이 귀중하기 때문입니다. 비록 나이가 젊더라도 말씀을 전달하는 사람은 품위를 갖출 필요가 있습니다. 설교자의 기품이 하루아침에 만들어지는 것은 아니지만, 설교자가 지닌 최후의 무기는 잘 준비된 설교입니다. 이것이 가능하다면 설교를 더 멋있게 보이려고 이것저것 덧붙일 이유가 없습니다. 말씀 자체로 빛이 나기 때문입니다.

설교자의 삶 전체는 설교의 준비 과정이어야 합니다. 이 어두운 시대에, 목회하기가 어려운 시대에 설교자로서 살아가려면 말씀의 헌신된 종이 되어야 합니다. 목회가 어렵다는 말은 사실이지만, 목회자가 가진 말씀은 기적을 일으키는 능력이 있습니다. 사람을 바꾸고 세상을 바꿉니다. 말씀은 이 세상의 유일한 답입니다. 이 말씀의 진가가 드러나 빛을 발하기만 한다면 상상할 수 없는 일들이 오늘 우리 가운데 일어나고도 남습니다. 개인적으로 이것을 목격했고, 지금도 이 땅에는 이런 일들이 계속 일어나고 있습니다. 하나님은 그분의 말씀을 말씀으로 대언할 자를 찾고 계십니다.

설교자는 철저히 섬겨야 합니다.

우리는 우리를 전파하는 것이 아니라… 고후 4:5a

이는 굉장히 중요한 구절로, 종의 리더십과 철학을 말씀하고 있습니다. 교회들을 살펴보면 목회자를 섬기는 데 있어 한국 교회의 수준은 가히 세계적입니다. 평신도와 교회가 목회자를 정말 잘 섬기고 있습니다. 이것은 한국 교회의 목회자가 누리는 축복이고 좋은 문화라고 생각합니다. 그러나 이런 문화에서 목회자는 잘못하면 오염될 수 있습니다. 받는 섬김에 익숙하다 보면 주는 섬김에 소홀하게 됩니다. 목회자는 섬김의 정신을 놓치지 말아야 합니다. 그래야 끝까지 하나님 앞에 쓰임을 받을 수 있습니다.

이 부분이 한국 교회에서 많이 무너지고 있습니다. 목회자가 성도들에게 존경 받을 수 있는 것은 철저히 섬기는 자리에 있을 때입니다.

설교로만 끝나서는 안 된다

섬김의 힘은 철저한 종의 철학에서 나옵니다. 예수님이 십자가를 지시기 전에 십자가 사건을 가장 시사적으로 표현한 것은 제자들의 발을 씻기신 사건입니다. '종의 리더십(Servant Leadership)'입니다. 호주에서 20년 동안 사역하면서 겪은 가장 큰 축복은 리더십을 경험하고 훈련한 것입니다. 설교자를 위해 누군가가 존재하는 것이 아니라 설교자가 성도를 위해 존재해야 합니다.

설교자는 철저히 섬기는 자가 되어야 합니다. 성도들이 섬겨 줄 때 몇 배로 그들을 섬긴다는 마음으로 섬겨야 합니다. 심방도 섬기는 행위이므로 진액을 쏟아야 합니다. 설교도 섬김입니다. 한 편의 설교를 잘하는 것으로 끝내지 않고 그 말씀 하나하나를 정성껏 다듬고, 최선을 다해 설교를 준비하고, 그 말씀을 통해 성도들을 섬기고 성도들을 대우해야 합니다. 설교는 잘하느냐 못하느냐가 아니라 성실함입니다. 결국 하나님의 나라는 섬기는 것으로 된다는 가장 근본적인 진리를 외치는 것입니다.

설교자는 철저히 섬기는 자가 되어야 합니다. 그러기 위해 우리를 위해 죽기까지 낮아지고 끝까지 섬기신 주님의 모델을 기억해야 합니다. 받는 섬김에 익숙한 설교자의 설교는 힘을 잃습니다. 결국 형식만 남습니다. 그러나 끝까지 영혼을 사랑하는 마음으로 최선을 다해 성실히 준비한 설교자의 설교는 조금 부족할지 몰라도 영혼을 변화시킵니다. 무엇보다 설교자 자신을 변화시킵니다. 그래서 사실 섬김은 특권입니다. 얼마나 큰 특권이고 기쁨인지 경험해 본 설교자만이 알 수 있습니다. 어느 순간 설교를 통해 가장 큰 변화와 영적 축복을 누리는 사람이 설교자라는 사실을 깨닫게 될 것입니다.

설교자의 삶에는 고뇌가 있어야 합니다

설교자가 설교를 준비하는 과정은 고독한 작업입니다. 한두 번의 고독이 아니라 평생에 걸쳐 그 고독한 길을 걸어가야 합니다. 홀로 별을 바라보아야 하고 때로는 계절을 잊어야 하고 꽃이 휘날리듯 마음이 흔들리지 않도록 다잡을 수 있어야 합니다. 사실 고독은 무섭습니다. 대부분의 사람은 고독을 이겨내지 못합니다. 그러나 설교자는 홀로 보내는 시간이 많아야 합니다. 이런 이유로 당연히 고독할 수밖에 없지만, 이 고독의 시간에 창조의 역사가 일어납니다. 설교는 창조력이 필요한데, 이는 하나님과의 독대를 통해 얻을 수 있습니다.

설교자는 하나님 앞에 서 있는 시간을 반드시 확보해야 합니다. 또한 광야를 선택해 하늘의 명료한 음성에 귀 기울일 수 있어야 합니다. 이것은 쉽지 않은 일입니다. 한 공동체를 말씀 중심으로, 건강하게 강단을 지켜 나간다는 것은 어려운 일입니다. 담임목회를 할 때는 명절, 공휴일과 상관없는 교회력에 삶을 맞춰야 합니다. 교회력 가운데 핵심은 주일입니다. 위치를 흐트러뜨리지 말아야 하고 마음의 집중력을 잃지 않아야 합니다. 이처럼 목회자는 길고 긴 싸움을 벌여야 합니다. 이때 가정에서 목회자를 잘 지켜줘야 합니다. 쉽게 마음이 흔들릴 수 있기 때문입니다.

설교자는 자신의 삶에 대한 고뇌와 삶의 현실에 대한 고뇌가

설교로만 끝나서는 안 된다

있어야 합니다. 이런 고뇌가 있어야 설교자입니다. 현 시대에 대한 아픔을 바라보면서 그걸로 끝내선 안 됩니다. 설교자는 그것을 해석하려고 노력해야 합니다. 우리 사회에는 수많은 이슈가 있습니다. 경우에 따라 사회의 파란을 일으키는 큰 사건이 발생하기도 합니다. 그럼에도 교회가 이런 사건에 대해 해석하지 않고 그냥 지나가는 것을 봅니다. 그래선 안 됩니다. 시대의 아픔에 대해 진리 안으로 들어가 청중에게 그 시대의 아픔을 성경적으로 재해석해 주는 노력을 해야 합니다. 이런 일이 일어났을 때 교회가 계속해서 입을 닫는다면 청중은 교회에 대해 기대감을 갖지 않을 것입니다. 진리에 대해서도 말입니다.

설교자는 성도들의 고통에 접근해 그들이 무엇을 두려워하고 있는지 알려고 해야 합니다. 성도들의 관심사가 무엇인지 알아야 합니다. 누가 이런 일에 질문을 가집니까? 고뇌하는 사람입니다. 고뇌할 때 질문이 생겨납니다. 질문이 있어야 고뇌하고, 그 답을 찾으려고 하지 않겠습니까! 철학적 질문에 신학이 답하는 것처럼 말입니다. 그리고 인문학적 소양이 있어야 현대인이 가진 고뇌가 무엇인지를 알아낼 수 있습니다. 이처럼 설교는 고뇌하는 것에 대한 공감과 답을 찾아가는 여정입니다.

현실과 하나님 나라 사이에서 가장 깊이 고뇌하는 사람이 설교자입니다. 그 시대의 고통이 고스란히 가슴으로 다가와야 설교자는 말씀을 가지고 성도들을 만날 수 있습니다. 설교자가 고뇌하지 않으면 설교는 말장난이 되어버릴 수도 있습니다. 이런 설교를 들은 성도들은 문제를 가볍게 다루는 모습에 경박하다고 느낄 수도 있습니다. 그러면 고통하는 성도들에게 다가갈 수 없습니다. 설교자의 고뇌가 깃들지 않는 설교는 날것과 같고, 슈퍼마켓에서 냉동된 음식을 전자레인지에 녹여 그냥 식탁에 내놓는 것과 같습니다. 고뇌하지 않으면 그 시대의 아픔과 동떨어진 채 청중과 유리된 지적 자랑을 늘어놓는 메마른 설교자가 될 수 있습니다.

세상을 들여다보면 고뇌로 가득 차 있고, 사람들은 답이 없는 삶을 살아가고 있습니다. 출구 없는 삶으로 말미암아 모두 힘들어하고 있습니다. 어떻게 보면 현대인들은 고뇌를 감춘 채 염려와 근심, 두려움, 불안에 사로잡혀 살아갑니다. 목회자는 무엇을 하는 사람입니까? 삶의 이유를 모른 채 힘들어하는 사람에게 의미를 찾게 해주는 사람입니다. 돈이 무엇인지, 청년들이 왜 청춘에 아파해야 하는지 존재론적인 질문을 던지고 거기에 답을 해주어야 합니다. 이런 이유로 시대에 대한 이해력이 필요한 것입니다.

불확실한 시대를 사는 사람들에게 말씀을 가지고 답해 줘야 하는데, 어떻게 말해 줄 것인지에 대한 설교자로서의 몸부림이 있어야 합니다. 그래서 설교자는 기본적으로 가슴 아파하고 아픔과 애통함이 있고 무언가 불편함이 있어야 합니다.

삶으로 설교해야 합니다

설교자는 자신의 삶으로 설교해야 합니다. 필요에 따라 어느 때는 하나님께 완전히 물질을 위탁할 수 있어야 합니다. 끌어안고 움켜쥔다고 되는 것이 결코 아닙니다. 누군가가 훈련시켜 줄 수도 없습니다. 스스로 이 부분에 대해 훈련해야 합니다. 담임목사가 된다고 모든 것이 한순간에 바뀌지 않습니다. 훈련 없이 시간을 보내다가 잘못하면 평신도에게 밀릴지도 모릅니다. 삶에서 평신도에게 밀리면 영적 권위가 사라집니다. 백날 설교를 전해도 하수일 뿐입니다. 스스로를 넘어서는 그런 경험 없이 설교하면 안 됩니다.

기도도 마찬가지입니다. 기도에 대해 메시지를 전하고 동력을 일으키기 위해서는 평신도보다 더 많이 기도해야 합니다. 그래야 교역자로서 영적 권위를 가지게 됩니다. 기도도 평신도보다 못하는데 어떻게 평신도 앞에서 설교를 합니까? 자신보다 기도를 많이 하는 평신도가 있는데 어찌 말씀을 전할 수 있겠습니까? 기도 이론을 강의할 수는 있겠지만 거기서 끝날 가능성이 농후합니다.

교인들은 누구보다 목회자의 삶을 잘 알고 있습니다. 목회자니까 유심히 보고 살핍니다. 그러다가 자신도 모르게 상처 받고 실망합니다. 설교자의 위선을 보고 나면 설교 때 교인들은 마음속으로 '거짓말이야'라고 외칩니다. 이게 양 무리의 본이 되어야 하는 이유입니다. 말하려고 하는 게 아니라 보여주려고 해야 합니다. 큰소리를 친다고 확신 있는 메시지가 되는 것이 아닙니다. 강력하게 말씀을 전하는데 성도들에게 먹히지 않는 이유가 무엇입니까?

설교는 삶의 무게입니다. 목회자가 말씀대로 살면 어마어마한 무게가 실립니다. 별말하지 않았는데도 큰 힘을 발휘합니다. 여기에 설교의 상당 부분이 걸려 있습니다. 설교자는 본을 보이지 않는 것, 삶으로 보여주지 못하는 것, 메시지와 메신저가 일치되지 않는 것, 합의가 안 되어 있고 통합이 안 되어 있는 것 등 이중 구조적인 삶을 살아선 안 됩니다. 이를 극도로 경계해야 합니다. 바뀌지 않은 채로 설교하고 세월이 흐르면 성도들의 삶 역시 어떤 말씀에도 변하지 않는 딱딱한 바위가 되고 맙니다. 삶에서 승부를 보는 설교자가 되어야 합니다.

Chapter 4.

설교자의
마음가짐

내가 복음을 부끄러워하지 아니하노니 이 복음은 모든 믿는 자에게 구원을 주시는 하나님의 능력이 됨이라 먼저는 유대인에게요 그리고 헬라인에게로다 **롬 1:16**

십자가의 도가 멸망하는 자들에게는 미련한 것이요 구원을 받는 우리에게는 하나님의 능력이라 **고전 1:18**

우리의 심장에, 우리의 강단에, 우리의 조국 교회에 십자가의 도가 다시 선명하게 서야 합니다. 그러기 위해선 확신을 가져야 합니다. 확신 있는 복음과 메시지는 능력이 있습니다. 그 복음에 설교자가 먼저 담금질을 당해야 됩니다.

복음의 역사가 일어나면 사람이 변합니다. 사람에게 변화가 일어나는 것이 역사입니다. 부서를 맡거나, 교구를 맡거나 그 일을 통해 섬기는 사람들이 변화된다면 살아 있는 것입니다. 복음의 역사가 있다는 말입니다. 복음이 사람을 바꿉니다. 투박한 복음인데 그 복음이 사람을 바꿉니다. 설교자가 대단한 이야기를 해서 사람이 바뀌는 것처럼 보이지만 사실은 아닙니다.

그리고 아주 단순한 복음, 선명한 복음을 반복적으로 외쳐야 합니다. 이것이 사람을 바꿔줍니다. 복음은 죄를 정확하게 터치하기 때문에 삶의 변화가 일어납니다. 죄에 대한 터치가 분명히 일어나야 합니다. 그래야 그리스도를 만날 수 있습니다. 죄에 직면하지 않으면 그리스도를 만날 수 없습니다. 그것이 정확하게 관통하면 사람은 변화됩니다. 강단에서 설교를 멋있게 하면 되는 줄 알았는데 아닙니다. 복음의 메시지를 복음으로 전해야 사람이 바뀝니다. 그렇다면 오늘 설교자는 강단에 서서 무엇을 전해야 합니까?

어노인팅이 있는 설교자

설교자에게는 인간의 의지와 노력을 넘어선 하나님의 절대적인 은혜가 있어야 합니다. 목회자의 길을 걸어오면서 깨달은 것 가운데 하나가 바로 이것입니다. 재주가 있다고 되는 것이 아니고 준비를 많이 했다고 되는 것도 아니었습니다. 설교자는 늘 하나님의 은혜를 구해야 합니다. 10년을 했든 20년을 했든 지금 시작했든 하나님의 은혜의 줄에 대롱대롱 매달려 있어야 합니다. 하나님이 은혜를 주시면 됩니다. 설교자 자신이 좀 부족해도 하나님의 은혜가 임하면 됩니다. 이 시대는 하나님의 은혜가 말라 버리고 인본주의가 만연합니다.

사도 바울은 "약할 때 강함 되신다"라고 고백했습니다. 약할 때 약함 가운데 하나님의 은혜가 머물러 있는 것입니다. 설교자 자신이 잘나면 될 것 같은데 안 되는 것을 봅니다. 자신이 하면 다 될 것 같은 마음을 완전히 박살나게 한 다음 하나님은 역사를 시작하십니다. 자존심, 자신감, 자기 잘남을 갖고 있어도 현장에 가면 별 필요가 없습니다. 오로지 하나님의 은혜를 붙잡아야 합니다. "하나님의 은혜가 아니면 안 되구나"라는 사실을 깨닫게 됩니다. 설교를 잘한다고 사람이 변합니까? 하나님이 은혜를 주셔야 변합니다. 결국 하나님의 은혜입니다.

그래서 설교자는 늘 겸손해야 합니다. 훈련도 아닙니다. 은혜가 임해야 됩니다. 공동체에 은혜의 파도가 쳐야 합니다. 하나님이 밀어주셔야 되는 것이지 설교자가 잡아끈다고 되는 것도 아닙니다. 칼뱅이 말한 하나님의 절대 주권을 붙잡아야 됩니다. 하나님이 사역을 열어 주셔야 합니다. 하나님 은혜의 파도가 쳐야 합니다.

설교자는 서핑을 할 수 있지만 파도는 하나님이 일으키십니다. 하나님이 파도를 일으키지 않으시면 아무 소용이 없습니다. 스킬도 스펙도 다 필요 없습니다. 오로지 파도가 쳐야 합니다. 그러기 위해서는 어노인팅이 필요합니다. 바로 하나님의 기름 부으심입니다. '아 잘한다'라는 생각이 드는 설교와 '기름 부으심이 있네'라는 생각이 드는 설교는 다릅니다. 머리에서 나온 것과 위로부터 부으시는 것은 다릅니다.

그렇다면 하나님께 무엇을 구해야 합니까? 설교를 준비하면서 "주님 자비를 베푸소서. 이 종이 감당치 못할 은혜를 베푸십시오"라며 납작 엎드려 간구해야 합니다. 어떤 강단에 설 때도 "은혜를 베풀어 주시옵소서", 설교 준비를 할 때도 "주여, 이 종에게 은혜를 베푸십시오"라고 간절히 소망해야 합니다. 하나님의 열어 주심을 경험해야 합니다.

선지자적 설교자

세례 요한은 헤롯의 명령으로 감옥에 갇힙니다. 헤롯이 요한을 잡아 가둔 이유는 그의 형 빌립의 아내인 헤로디아 때문입니다. 형수와 불륜을 맺은 것에 대해 세례 요한이 헤롯을 책망하니

설교로만 끝나서는 안 된다

다. 세례 요한은 헤롯의 권세에 짓눌리지 않고, 위축되지 않고 그의 죄를 지적합니다. 이것이 선지자의 역할입니다. 전할 메시지는 전해야 합니다. 담대히 선포해야 합니다. 선지자가 입을 닫으면 안 됩니다.

설교자가 말씀을 전할 때 자기 삶의 생명을 건 선포를 해야 할 때가 있습니다. 이로 말미암아 자신이 취한 많은 유익을 잃어버릴 수도 있습니다. 자신의 신분과 자신이 가진 기득권을 다 잃어버리는 순간을 맞이할 수도 있습니다. 그럼에도 전하는 자가 진짜 선지자입니다. 권력을 가진 사람을 향해 두려움 없이 선포할 수 있어야 하는데, 믿음의 선배들에게는 이런 기개가 있었습니다.

생일에 헤로디아의 딸이 춤을 추자 헤롯은 너무 기쁜 나머지 소원을 말하라고 합니다. 그러자 헤로디아의 딸이 세례 요한의 머리를 쟁반에 담아 달라고 말합니다. 헤롯은 고심하다가 결국 그 요구를 들어주었고, 요한은 목이 잘려 죽고 맙니다. 세례 요한은 죽음의 위협 가운데서도 진실을 말하고 불의를 고발하는 선지자였습니다.

오늘 시대는 제사장적 설교는 많은데 선지자적 설교가 없습니다. 언젠가 주일에 "부한 자들아"라는 제목으로 설교를 한 적이 있습니다. 참 어려운 설교였습니다. 이후 아모스 설교를 할 준비도 하고 있습니다. 어려운 설교일 수 있지만 해야 합니다. 안전한 삶이 설교자의 목표가 아니기 때문입니다. 설교자의 초점은 위험한가 안전한가가 아니라 진리인가 아닌가에 맞춰져야 합니다. 회중을 위한 위로의 메시지도 필요하지만 때로는 회개를 촉구할 수 있어야 합니다. 지금은 회개의 메시지를 듣기 어려운 시대입니다. 좋은 메시지만 전한다면 설교자로서 죄를 짓는 것입니다.

세례 요한은 순교를 당했습니다. 그는 짧고 굵게 살다가 하나님의 부르심을 받았습니다. '길고 가늘게'가 아니라 '짧고 굵게' 살았습니다. 예수님은 설교자에게 "나를 따르라"고 말씀하셨습니다. 설교자는 주님을 따르는 사람입니다. 주님을 따른다는 것은 많은 뜻이 내포되어 있습니다. 주님이 가셨던 길은 짧았습니다. 그분은 무병장수를 목표로 하고 살지 않으셨습니다. 목회자는 설교자로서 일사 각오로 임해야 합니다. 길게 사는 것은 설교자의 목표가 아닙니다.

세례 요한은 목이 잘려 죽었습니다. 예수 그리스도의 길을 평탄하게 하고 예수의 길을 준비한 종으로서 그리스도를 위해 살았던 그는 볼품없는 최후를 맞았습니다. 평생 수고했음에도 인간적으로 남긴 것이 아무것도 없습니다. 세상적으로 보면 말씀을 말씀대로 선포하다가 목이 잘린 채 젊은 나이에 요절한, 너무나도 불쌍한 사람입니다. 이처럼 설교자는 아무것도 보장받을 수 없는 곳으로 갈 수도 있습니다. 수고한 만큼 대접받지 못할 수도 있습니다. 그렇지만 설교자에게는 주님을 위해 나섰고 전할 수 있다는 것 자체가 축복입니다. 그리스도를 위하여 살고 전하는 것, 그리스도를 흥하게 한 것이 영광이기 때문입니다.

설교자는 세상의 것을 바라선 안 됩니다. 세상의 것으로 시험에 들지 말기를 바랍니다. 세례 요한은 그리스도를 위해 "그는 흥하여야 하겠고 나는 쇠하여야 하리라"(요 3:30)고 말했습니다. 설교자는 두려워하지 말고 생명을 걸어 말씀을 전해야 합니다. 두려워하거나 이득을 생각하면 아무것도 변하지 않습니다.

조지 버나드 쇼의 묘비명은 "내 우물쭈물하다가 이럴 줄 알았다"였다고 합니다. 우물쭈물하다가는 아무것도 아닌 인생이 됩니다. 전력을 다해 에너지를 써야 합니다. 쇼팽 콩쿠르에서 1등을 한 조성진 피아니스트의 나이가 스물밖에 안 됐습니다. 피아노는 피나는 연습을 해야 하는데, 20년의 삶을 걸었던 것입니다. 하루에 18시간씩 연습한 발레리나 강수진 씨는 토슈즈를 발표회 전에 수도 없이 갈았다고 합니다. 생명을 바치지 않아도 되는 것이 어디 있겠습니까? 설교자로서 강단에 생명을 걸었는데 안 되면 이상한 겁니다. 안 될 리가 없습니다.

설교자에게는 순교적 태도, 순교의 영성이 필요합니다. 과거 선배들이 어렵고 힘든 시대에 땀을 흘렸다면 지금은 피를 흘려도 예전보다 열매가 적습니다. 그런데 문제는 선배들이 흘린 땀 정도도 안 흘린다는 것입니다. 세련되긴 했지만 너무 부드러워지기만 한 것입니다.

개인적으로 연말연시에 4주간 특새를 인도합니다. 그때는 정말 폭풍처럼 몰아칩니다. 눕고 싶어도 누우면 안 되고, 쉬고 싶어도 쉴 수가 없습니다. 그 새벽에 추운 공기가 몰려와도 잠시나마 쉴 수가 없습니다. 결코 아파서도 안 됩니다. 몇 번은 '이러다가 죽는 것 아닌가' 하는 생각이 들기도 했습니다. 아침에 링 위에서 사력을 다해 12라운드를 뛴 것 같습니다. 그러나 자신을 안 봐주기로 결정했기 때문에 죽으면 죽는 거라는 생각으로 자세를 흐트러뜨리지 말고 담대히 전합니다. 코피도 터지고 몸살도 나지만 주를 위해 살다가 아프고 쓰러져야 한다는 생각뿐입니다. 얼마 전 특새 때 뒷골이 당기면서 코피가 터지는데 차라리 코피 터지는 것이 나을 정도였습니다. 놀다가 몸살이 나는 것이 아니라 주의 일을 하다가 몸살이 나야 합니다.

설교자로서 무엇을 위해 죽을 것인지 고민해 봐야 합니다. 설교자는 그리스도를 위해 살고 죽어야 합니다.

사는 것이 그리스도니 죽는 것도 유익함이라 빌 1:21

사도 바울의 말입니다. 명확합니다. 사는 것도 그리스도고 죽는 것도 그리스도입니다. 바울의 서신을 보면 그는 늘 죽음을 생각했습니다. 감옥에 들락날락하고 맞고 얻어터질 때마다 죽음을 생각하지 않았겠습니까? 그는 죽는 게 소원이라고 했습니다. 빨리 주와 함께 있고 싶다고 했습니다.

그렇다면 설교자는 무엇을 위해, 누구를 위해 죽어야 합니까? 그리스도를 위해, 주님을 위해 죽는다면 멋지지 않겠습니까? 돈 때문에 죽고 신통치 않은 것으로도 죽는데 주님을 위해 죽는다면 얼마나 멋있습니까! 순교처럼 영광스러운 일이 어디 있겠습니까! 주님의 일을 하다가 죽는 것이 최고입니다.

텍스트를 그리스도에 집중시키는 설교자

세례 요한이 전한 메시지에는 세 가지 주제가 있습니다. 첫째는 그리스도, 둘째는 회개, 셋째는 천국인데 바로 하나님의 나라입니다.

첫 번째가 그리스도입니다. 그가 전한 메시지의 처음도 끝도 그리스도였습니다. 이처럼 설교 메시지의 중심은 그리스도여야 합니다. 모든 설교자가 전해야 할 분은 바로 그리스도 한 분입니다. 모든 메시지에 그리스도가 있어야 합니다. 그리스도가 없다면 그날 아무것도 하지 않은 것입니다. 오늘날 교회가 많이 얘기하는 것이 무엇입니까? 바로 교회 안에 그리스도가 없다는 것입니다. 메시지에 그리스도가 없다는 것입니다.

설교자의 성공과 실패는 무엇으로 결론을 내릴 수 있습니까? 그리스도가 드러나지 않은 설교는 설교가 아닙니다. 사람들의 마음에 치유의 설교도 필요하지만 그것보다 중요한 것은 그리스도입니다. 치유가 핵심적 사역이 아닙니다. 오로지 그리스도가 드러나는 것이 핵심입니다. 병이 들어 낫지 않아도 그리스도를 알게 되면 설교자는 목적을 이룬 것입니다. 낫는 게 중요한 것이 아닙니다. 그리스도가 증거 되어야 합니다.

그리스도만 전하고 드러냈을 때 성도가 상처를 받을 수 있습니다. 실망할 수도 있습니다. 그럼에도 그리스도를 전해야 합니다. 실망시키지 않는 것이 아니라 그리스도를 증거하는 것이 모든 텍스트의 목적이 되어야 합니다. 사람이 많이 모이는 것도 중요하지 않습니다. 그 모임 가운데 그리스도가 빠지면 실패한 겁니다. 그리스도 안에서, 그리스도에게서, 그리스도를 위해 살아야 합니다. 그리스도를 놓치면 망합니다.

세례 요한은 끝없이 그리스도에 집중했는데, 이것은 또 어떤 의미가 있을까요? 그리스도를 드러내고 그분께 초점을 맞춘다는 것은 자기를 부인하는 일입니다. 자기에게 집중시키는 것이 아니라 그리스도에게 집중시켜야 합니다. 성도들이 그리스도에게 집중하도록 해야 합니다.

하나님의 음성을 듣는 설교자

하나님의 음성이 들리지 않으면 장사꾼이 됩니다. 그것도 어설픈 장사꾼이 됩니다.

교회 개척도 말씀이 열리면 됩니다. 따로 교회로 사용할 장소가 없어도 됩니다. 집에서 예배를 드려도 괜찮습니다. 성도들이 말씀을 들으러 찾아옵니다. 하늘이 열려서 그 말씀으로 들린 말씀을 전하는 것은 완전히 다릅니다. 엘리 시대를 보면 말씀이 열려 있지 않았습니다. 시대가 닫혀버리고 끝난 것입니다. 말씀을 전하는 사역자는 말씀에 승부를 걸어야 합니다. 그것이 아닌 일은 딴 짓이고 외도입니다. 목회자가 붙들어야 할 본질을 놓치고 있는 겁니다.

사람들은 정말 귀중한 것에 시간과 물질 등 자신이 가진 것을 모두 투자하지 않을 때가 많습니다. 말씀을 듣고 말씀이 귀중하다는 것을 느끼면 시간의 우선순위와 삶의 스케줄이 바뀌어야 합니다. 그렇다면 무엇이 좋아야 합니까? 결단코 말씀입니다.

설교로만 끝나서는 안 된다

설교자가 듣는 말씀이 열리지 않았는데 어떻게 설교를 하겠습니까? 말씀보다 더 위력적이고 변화를 일으키고 역사가 일어나는 것이 있다면 그걸 해야 합니다. 그러나 그렇지 않는 것을 압니다. 성도들이 무엇을 찾습니까? 바로 진리에 대한 목마름입니다. 하늘의 소리를 들으면 영적 권위는 저절로 세워집니다. 말씀으로 말미암아 권위가 생겨납니다. 말씀을 듣고 말씀을 선포하면 거기서 권위가 생겨납니다. 이것이 없으면 설교자는 어떤 권위도 가질 수 없습니다. 설교자는 행정요원이 아닙니다. 사무요원도 아닙니다. 권위를 가지려면 설교자 자신의 하늘이 열려야 합니다. 안 열리면 온종일 하나님께 종을 불쌍히 여겨 달라고 통곡하며 금식해야 합니다. 죽을 힘으로 말씀을 열어주시고, 말씀에 눈이 열리도록 해달라고 기도해야 합니다. 굶어 죽든지 승부를 내야 합니다.

사무엘서를 여는 엘리 시대가 오늘 시대와 비슷합니다. 한나의 불임은 그 시대적 상황을 이야기하고 있습니다. 그 시대의 가장 강력한 영적 지도자인 엘리가 말씀을 듣지 못하고 있습니다. 지금 시대는 말씀의 기갈 상태입니다. 설교를 마친 뒤 교인들의 "은혜 받았다"는 말에 속지 말아야 합니다. 설교자는 자기가 설교를 잘했다는 착각에 빠질 수 있습니다. 그러나 설교자는 인정받기 위해 존재하지 않는다는 사실을 기억해야 합니다. 목회자가 행해야 하는 한 해의 많은 사역 가운데 이것만 열려도 됩니다. 말씀에 정확하게 초점을 맞춰야 합니다. 바쁘다는 것 때문에 말씀을 말씀으로 선포하지 못하는 것은 직무유기입니다.

목회의 길에 들어섰다면 누구든 예외가 없습니다. 목회자와 평신도의 차이가 무엇입니까? 무엇 때문에 사역자가 된 것입니까? 무엇을 서비스해야 합니까? 말씀을 서비스하며, 말씀으로 섬기며, 말씀의 종이 되어야 합니다. 세례 요한의 정체성은 딱 하나입니다. '외치는 자의 소리'입니다. 전하기 위해, 소리를 들려주기 위해 설교자는 먼저 잘 들어야 됩니다. 그리고 전하기 위한 사람이 되어야 하고, 특별히 오늘 말씀의 임하심이 있어야 합니다. '이것이 하나님의 임하심이구나'라는 하늘의 외침을 전해야 합니다. 설교자는 청중에게 주기 위해 설교합니다. 그런데 이것이 설교자를 망하게 합니다. 일차적으로 그 말씀 앞에 자신이 들어가야 합니다. 그 말씀 앞에 자신이 먼저 깨어지고 울고 은혜 받고, 그 말씀이 자신의 폐부를 찌르고, 그 말씀 앞에 경외심을 갖고 들어야 하고, 그 말씀을 먹어야 합니다.

그러나 대부분의 설교자는 자기에게 적용시키기 위함이 아니라 설교하기 위해 말씀을 전합니다. 마치 자신은 그 말씀 안에 사는 사람인 양 오만한 설교자가 되는 것입니다. 설교자는 임하신 말씀, 자신에게 하신 말씀인 설교를 쉽게 하면 안 됩니다. 사실 설교를 힘들어해야 합니다. 말씀이 약화되면 저절로 쇼를 하게 됩니다. 아무것도 없는데 무언가를 해야만 하니 쇼를 할 수밖에 없습니다. 그러다 보면 말씀의 자리를 쇼가 대신하게 됩니다. 한국 교회는 방법론들이 대세를 이루고 있습니다. 프로그램이란 프로그램, 좋은 것을 다 동원하고 있습니다. 그래서 교인들이 지칠 정도입니다. 진정으로 교인들에게 필요한 것은 말씀입니다.

설교로만 끝나서는 안 된다

오늘날 교회의 치명적 결함은 광야에서 외치는 자의 소리가 없다는 것입니다. 하늘의 음성을 듣는 것은 쉬운 일이 아닙니다. 너무나 다양한 소리가 있기 때문입니다. 사탄의 소리, 세상의 소리, 사람들의 소리가 한데 엉켜 있어 분별력이 필요합니다. 그럼에도 설교자들은 이것을 여과 없이 다 듣습니다. 하나님의 소리, 사탄의 소리, 세상의 소리, 자기 안의 소리 등 설교자가 듣기에 솔깃한 소리가 너무 많습니다.

책에 대한 분별력도 필요합니다. 요즘은 신학이 실종된 시대입니다. 데이비드 웰스(David Wells)의 《신학 실종》을 읽어 보면 방법론에 귀재가 되고 성장에 빠져 신학이 없습니다. 어디서 온 소리인지에 대한 분별력이 없습니다.

하늘의 소리를 계속 듣고 있는 사람들은 다른 소리를 금방 분별할 줄 압니다. 그것이 잘못된 소리라는 것을 금방 눈치 챕니다. 말씀이 중요한 줄 알지만 말씀 듣는 시간을 가지지 않는 설교자가 많습니다. 왜 그런 시간을 가지지 않습니까? 중요하다는 걸 인식하지 못하고 있기 때문에, 중요하다고 여기지 않기 때문입니다. 그래서 그것이 시간 배열을 할 때 우선순위에서 제외되는 것입니다.

듣는 자는 다양한 것을 해야 합니다. 묵상과 연구, 독서를 하고 성경을 끊임없이 읽고 QT도 성실하게 해야 합니다. 그러기 위해선 바쁘면 안 됩니다. 유진 피터슨 목사님은 한 인터뷰에서 "천천히 좀 천천히 성경을 읽으세요"라고 말했습니다. 커피처럼 음미하면서 읽어야 합니다.

말씀을 듣고 자기 안에 받아들이는 데 시간이 무한정 들어갑니다. 금방 표가 나지는 않습니다. 그러나 그것이 5년, 10년이 지나가면 확연하게 드러납니다.

세례 요한의 영성은 광야의 영성이라고 말할 수 있습니다. 그는 광야로 갔습니다. 그 시대의 소리가 아닌 전혀 다른 소리를 듣기 위해선 다른 곳으로 가야 합니다. 사람들이 있는 곳에서는 하늘의 음성이 안 들립니다. 그곳을 벗어나 다른 곳으로 가야 합니다. 그래야 하늘의 음성이 들립니다. 도시는 소음투성이지만 광야에는 소음이 없습니다. 사람들이 모여 있는 조직화된 광장에는 잘난 인간들의 수없는 외침이 있습니다. 설교자는 오로지 성령의 음성을 기다려야 하는데, 하늘이 열리는 곳은 오직 광야뿐임을 기억해야 합니다.

십자가로 돌아가게 하는 설교자

여러 예배를 통해 뒤집어진 사람들의 편지나 메일을 받으면 지금 죽어도 좋을 만큼 행복합니다. 이렇듯 기쁜데 사람이 변하는 것에 생명을 걸 마음이 생기지 않는다면 이상한 사람입니다. 교회의 성장은 설교자의 과제가 아닙니다. 몇 명이 모일지, 목표가 어느 정도 성취되었는지 신경 쓸 것 없습니다. 복음이 정확하게 역사하고 사람들에게 계속 변화가 일어나고 있는지에 관심을 가져야 합니다.

처음 전도사로 사역을 한 교회에서 마지막 날 송별 설교를 할 때 눈물을 주체할 수 없어 설교를 할 수가 없었던 기억이 납니다.

설교로만 끝나서는 안 된다

마지막 주일예배였습니다. 부장 선생님이 기다리고 있는데 눈물을 주체할 길이 없어 말씀을 전할 수가 없었습니다. 동네 아이들을 모은다고 모았지만 그 아이들 가운데 몇 명이 진짜 구원받았을까 하는 질문 앞에 확실한 답을 할 수가 없었습니다. 당시 제 관심은 끌어모으는 것에 있었습니다. 결국 많이 모으긴 했는데 그 아이들에게 정말 중요한 것을 해주지 못하고 떠난다는 게 통곡이 되어 나온 것입니다.

설교자는 외형적인 것을 보고 기뻐할 필요가 없습니다. 변화가 없는데 행복할 리가 없습니다. 변화의 역사가 일어나면 사역은 질리지가 않습니다. 설교 준비 그 자체로 행복하고 기쁨이 넘칩니다.

호주에서 사역하던 새순교회에서는 남자 성도의 변화가 많았습니다. 사실 남자들은 대놓고 울기가 쉽지 않은데, 예배 때 훌쩍임이 있고, 어떤 사람은 설교를 듣는 가운데 주체하지 못할 만큼 눈물을 흘리기도 했습니다. 당시 말씀을 통해 울고 웃으며 감화가 일어나고 있었습니다. 장인어른이 예배에 참석했는데 설교를 듣는 중에 가슴이 뛰고 마음에 불이 붙어버려 앉아 있을 수가 없었다고 고백하기도 했습니다. 불이 붙으면 다른 것은 다 필요 없습니다.

설교자는 영적 세계를 들여다보고 영적인 일을 하는 사람이 되어야 합니다. 소셜클럽을 만들면 안 됩니다. 사람이 모이는 것이 중요한 것이 아니라 예수의 복음으로 말미암아 변화된 하나님의 생명이 그 안에 흘러가고 있느냐 하는 것이 중요합니다.

설교자는 십자가의 메시지가 모든 곳에 불붙게 해야 합니다. 그러니까 설교, 심방, 훈련, 기도회, 수련회 등 모든 프로그램이 복음 메시지를 피해 가면 안 됩니다. 복음이 정중앙을 통과하도록 만들어야 합니다.

Part 3

말씀 묵상으로 강단을 세우다

설교자와 묵상

Chapter 1.

말씀이
공동체를 움직이다

설교자는 평생 설교의 무거운 짐을 짊어진 채 살아가야 합니다. 개인적으로 지금까지 늘 말씀 중심의 목회를 해왔습니다. 초기 시드니 새순교회에서 목회했던 방식과 지금의 목회 방식이 똑같습니다. 1992년 새순교회 개척 당시에 시작한 훈련 사역은 지금까지 소그룹 방식으로 계속 이어져 왔고, 그전에 수영로교회의 부교역자로 있을 때도 동일한 방식으로 목회를 했습니다.

지금 돌아보면 40년 전인 1980년 1월에 교육전도사로 사역하기 시작하면서부터 학생들을 맡았을 때나 청년들을 맡았을 때나 교구를 맡았을 때나 사람 중심, 훈련 중심, 말씀 중심의 목회 방식은 달라지지 않았습니다. 말씀의 위력이 가장 중요하다는 것, 성경이 최고의 무기이고 자산이고 자원이고 힘이라는 것을 알았습니다. 복잡한 프로그램은 많이 진행하지 않고 강단이 건강하고 균형 있게 유지됨으로써 하나님의 말씀이 선포되는 것을 중요하게 생각했습니다. 그러면 그다음부터는 말씀이 공동체를 움직여 갔습니다.

공동체 가운데 말씀이 들어가야 합니다

새순교회에서는 모든 교인에게 큐티를 하도록 권면했습니다. 지금 생각해 보면 개척교회였기에 가능한 일이었습니다. 조직을 연령별로 나누어 큐티 그룹으로 만들었습니다. 토요일에는 새벽기도를 마치고 큐티 그룹 리더들과 다음 날 설교할 본문을 미리 살펴보며 핵심 내용을 알려 주고 서로 묵상하는 것을 도와주기도 했습니다. 그리고 주일에는 점심식사 후 학교를 빌려 전 교인이 각자 자기 반에 모여 말씀을 나누었습니다. 그러다 보니 모든 것이 말씀에 따라 움직였습니다. 예를 들면 차량 안내팀의 팀장은 큐티 그룹의 리더 역할을 동시에 맡아 팀원들이 모이면 말씀을 묵상하고 함께 나누도록 했습니다. 큐티 리더가 사역도 맡아 하도록 한 것입니다.

전도사로 섬겼을 때도 마찬가지였는데, 교육전도사 시절에도 교사회를 따로 진행하지 않고 《매일성경》을 들고 어느 장소든 모여 교사들과 함께 큐티하며 말씀을 나누었습니다. 모이면 그날 성경 본문 말씀을 가지고 묵상한 것을 나누었습니다.

큐티는 매일 하나님이 우리 각자에게 주시는 말씀을 경청하고 가이드를 받아 자신을 새롭게 하는 것입니다. 하나님은 어제뿐 아니라 오늘도 만나를 주십니다. 오늘 아침 광야에 떨어진 신선한 만나를 먹고사는 것은 어렵지 않습니다. 매일 큐티를 하면 됩니다. 그러면 매일 은혜를 받습니다. 어제와 오늘의 말씀이 연결되어 있기 때문입니다. 예를 들면 5일 전쯤에 어떤 말씀으로 도전 받고도 결단을 미룬 채 주저하고 있는데, 오늘 그와 관련된 말씀을 읽고 가슴에 꽂히는 경험을 한 적이 있지 않습니까? 이런 경우 하나님이 다시 강력하게 말씀하시는 것입니다. 하나님은 말씀을 규칙적으로 읽는 사람에게 인격적으로 찾아오시는데, 이는 매일 말씀을 묵상하는 사람만 경험할 수 있습니다.

말씀이 공동체의 중심에 강력하게 서야 합니다

교회 공동체를 큐티로 훈련시키면 강력해집니다. 그런 면에서 새순교회는 말씀으로 무장한 평화로운 교회였습니다. 목회자가 목회를 하는 게 아니라 하나님의 말씀이 공동체를 이끌어 가기 때문입니다. 목사의 목회 철학은 한방에 날아가고 말씀이 교회를 움직여 가는 겁니다. 말씀만 능력이 있고, 말씀만 모든 무질서를 하나의 질서로 통일시킵니다. 말씀의 위력보다 강력하게 공동체를 설득할 수 있는 것은 없습니다.

그렇다면 말씀이 강력하게 공동체 중심에 설 수 있도록 하는 방법은 무엇일까요? 큐티를 지속적으로 하게 하는 가장 확실한 방법은 큐티를 통해 말씀을 나누는 소그룹을 만드는 것입니다. 큐티가 살아나려면 말씀을 묵상하는 조직이 구조적으로 만들어져야 합니다. 그룹이 만들어지지 않은 채 큐티 세미나를 백날 해봐야 별 효과가 없습니다. 자발적으로 말씀을 나누는 패턴이 자리 잡기란 쉽지 않은 일입니다.

한국 교회의 목회 구조는 일대일로 말씀을 묵상하는 환경이 아닙니다. 어쩌면 이것이 한국 교회의 가장 어두운 부분일 수도 있습니다. 한국 교회에서는 '신앙이 좋다'고 말하는 기준이 주일 신앙인 경우가 많습니다. 사람들의 눈에 보이는 주일 신앙에는 허위 신앙도 많습니다. 겉으로는 괜찮은 신자처럼 보이는데 매일 하나님 말씀의 통치를 받지 않으니 문제가 생기는 것입니다.

큐티를 통해 개인적 일대일 묵상, 개인적 헌신이 가능해집니다. 가장 중요한 헌신은 하나님 말씀을 묵상하는 시간을 갖는 것

말씀 묵상으로 강단을 세우다

입니다. 이런 시간을 갖지 못한 헌신은 자아중심적인 헌신으로 빠질 가능성이 높습니다. 자기만족의 수준에서 자기 스타일대로 봉사하게 됩니다. 그러나 이 모든 일의 기본으로 강조해야 할 것은 말씀 묵상입니다. 철저하게 일대일로 하나님과의 팔로우십을 갖게 합니다. 이런 가장 기본적인 자세가 자리 잡지 않으면 교회는 기초가 안 된 집과 다름이 없습니다.

수영로교회에서도 교인들은 저를 만나면 먼저 큐티를 했습니다. 수요일 오전에는 주부인 성도가 많은데, 그날 본문 말씀을 가지고 서로 나눔을 한 뒤 마지막에 저와 다시 한 단계 더 깊은 나눔을 합니다. 사실 성도들은 그것을 들으러 오는 겁니다. 이 나눔을 통해 '아, 시간을 들여 가며 묵상했는데 저걸 못 봤네' 하고 깨닫게 됩니다. 그다음에는 플러스 성경 공부를 합니다. 제가 개발한 과정인데, 큐티식 성경 공부를 하는 것입니다.

전도사로 섬길 때도 교사들과 큐티를 하고, 교구 리더들을 훈련시켜 나눔을 위한 소그룹을 만들었습니다. 매일 똑같은 본문 말씀을 가지고 깊이 묵상하는 공동체의 숫자가 늘어나면 말씀이 교회를 통치하게 됩니다. 목회자인 제가 할 말이 하나도 없습니다. 아니, 말할 필요가 없습니다. 성령이 매일 아침에 본문 말씀을 통해 각 사람에게 말씀하시기 때문입니다.

말씀이 공동체를 움직이게 합니다
큐티는 보통 《매일성경》 등 큐티 교재를 준비해 사랑방에 모여 담당 교구장이 큐티를 강의하는 식으로 진행됩니다. 시작할 때

그날 나눌 본문 말씀이나 지난 한 주간 나누고 싶었던 말씀이 있으면 나누게 합니다. 이때는 나눌 내용을 미리 적어 와야 합니다. 그러지 않으면 큐티를 나누는 시간이 너무 길어지기 때문입니다. 큐티를 잘하는 성도들이 있는데, 이런 성도가 그룹에 두세 명 있으면 다른 사람들이 그들과 나누고 싶어 합니다. 큐티 그룹의 장점은 바로 이런 식으로 서로에게 동기부여가 된다는 것입니다.

말씀을 통해 이렇게 은혜 받고 적용하고 변화되는 모습을 보여 주면 다른 성도들도 그렇게 하고 싶다는 마음을 갖습니다. 말씀의 교제가 일어나는 겁니다. 아무리 영적으로 교제하자고 해도 말씀을 묵상하지 않은 사람들이 모이면 잡담으로 흘러갈 수밖에 없습니다. 그러나 말씀을 묵상하는 사람들이 모이면 그곳에 자연스레 말씀의 나눔이 있게 됩니다. 말씀을 묵상하면 오늘 자신이 받은 은혜를 나누고 싶다는 생각이 듭니다. 은혜의 보따리를 풀어놓는 것입니다.

성경을 가지고 있다는 것만큼 큰 자산은 없습니다. 저는 교회를 개척할 때 "맨땅에 헤딩하는 거죠"라는 말을 들으면 "아무것도 없어야 맨땅에 헤딩이지 우리는 성경 말씀이라는 값으로 매길 수 없는 어마어마한 보화, 천하를 뒤집어놓을 수 있는 자산을 가지고 있는데 왜 맨땅입니까?"라고 반문했습니다.

사실 가만히 들여다보면 성도들은 성경에 관심이 있습니다. 성경을 풀어놓는 것은 설교자의 특권이므로 설교자는 여기에 생사를 걸어야 합니다. 별의별 기술이나 재주가 있어도 말씀이 없으면 아무 소용이 없습니다. 성경을 성경으로 드러내고 말씀의

말씀 묵상으로 강단을 세우다

위력이 진가를 발휘하게 만드는 일을 대체할 만한 것은 아무것도 없습니다.

설교자가 들이는 모든 시간과 에너지, 독서, 지적 활동이 말씀을 드러내기 위한 것임을 명심해야 합니다. 예를 들어 책을 한 장 읽더라도 성경을 더 깊이 들여다볼 수 있는 도구로 사용할 수 있어야 합니다.

사실 대단하지 않지만 이런 말씀 중심의 목회를 해서 덕을 본 사람으로서 말씀을 중요하게 여기는 것, 소그룹을 만들어 큐티를 나누고 서로 가르쳐 주는 것이 얼마나 큰 장점인지 널리 알리고 싶습니다. 이처럼 개인적으로 하나님과 말씀으로 교제하게 하고, 그룹으로 모여 말씀에 집중하게 하고, 강해 설교를 통해 성경 본문을 공동체 전체가 나누는 이 삼위일체가 이루어지면 다른 것은 할 필요가 없습니다. 복잡한 방식을 가지고 목회하기 위해 머리를 쓸 필요가 없어집니다. 심플한 목회를 할 수 있게 됩니다.

Chapter 2.

설교와 묵상

본격적으로 설교와 묵상에 대해 말하려고 합니다. 목회 활동 가운데서 가장 크게 고민하고 몸부림치고 애쓰는 부분이 설교입니다. 누군가 저에게 어떤 목회를 하느냐고 묻는다면 설교 중심, 말씀 중심의 목회를 한다고 자신 있게 대답할 수 있습니다. 지금도 특별하게 하는 것은 없고 주로 강단 중심으로 '가르침(teaching)'과 '설교(preaching)'에 초점을 맞춘 목회를 하고 있습니다. 당연히 개인적 시간과 모든 활동이 거기에 집중되어 있습니다.

설교에 모든 것을 걸어야 합니다

말씀 중심의 목회를 하다 보면 다른 것에는 시간을 많이 할애하지 못합니다. 사실 목회자들은 설교에 웃고 웁니다. 설교를 통해 희비가 갈리기 때문입니다. 시드니에서 목회할 때 교인들이 목사에게 진정으로 원하는 것은 심방이 아니라 말씀임을 깨달았습니다. 그리하여 말씀 준비를 철저히 하는 환경이 열리게 되었습니다. 사실 이민 목회는 심방이 굉장히 중요합니다. 그런데 심방보다 더 중요한 게 설교입니다. 심방은 일 년에 한두 번 하지만 설교는 매주 하는 것이므로 설교를 통해 성도들의 영혼이 채워져야 합니다. 설교를 통해 성도들이 은혜 받고 그들의 삶에 변화가 일어나면 그것이 심방보다 더 바람직하다는 뜻입니다.

성도들은 심방을 통해 일대일로 만나 교제를 나누는 것도 좋아하지만 그것을 포기하고 설교를 선택한 겁니다. 모두가 은혜 받고 영적으로 충만함을 얻기 위해 다른 것은 기꺼이 내려놓겠

말씀 묵상으로 강단을 세우다

다는 자연스러운 합의가 이루어졌습니다. 저는 설교를 잘하지 못하지만 잘하려고 애쓰고 있습니다. 그동안 목회자로서 굉장히 애쓰며 설교를 준비하고 하나님 말씀을 전하기 위해 노력해 왔습니다.

목회자에게 말씀을 정확하고 분명하게 전달하는 것보다 중요한 일이 또 있겠습니까. 설교를 통해 교회가 세워집니다. 결국 목회의 방향 제시, 철학, 교회론 등 모든 것이 설교를 통해 흘러갑니다. 설교가 살아 있을 때 예배가 살아납니다. 예배에 많은 공을 들이고 있지만 말씀이 살아서 정확하게 전달되지 않으면 다른 프로그램을 개발하고 악기를 동원하는 등 여러 요소를 가미해도 예배는 살아나지 않습니다. 예배에 있어 가장 중요한 것은 하늘이 열리고 하늘의 음성이 들리는 것이기 때문입니다. 그때 예배가 예배 되는 역사가 일어납니다. 모든 교회의 방향, 교회가 그 어떤 형태로 나아가야 하는지 등 모든 것이 설교를 통해 이루어지므로 설교에 모든 것을 걸어야 합니다.

그렇다면 오늘날의 설교는 과거의 설교와 어떤 점이 다를까요? 분명 다른 점이 있습니다. 오늘날은 권위가 상실된 시대로 권위주의를 부정할 뿐 아니라 권위조차 인정하지 않습니다. 이로 말미암아 설교자는 위기를 맞았습니다. 설교자의 권위를 인정하지 않기 때문입니다. 평신도가 설교하는 시대가 올 가능성도 있습니다. 이런 시대가 온다면 어떻게 하겠습니까? 지성화된 시대에는 설교자의 위치가 흔들립니다. 일반 성도도 다양한 설교를 접할 수 있고, 많은 신학 서적을 읽을 수 있습니다. 요즘은 높은 수준의 지성을 가진 사람이 많아서 판단하고 평가할 수 있는 기준이 이전보다 훨씬 더 높아졌습니다.

설교자는 묵상가여야 합니다

설교자는 묵상하는 사람이 되어야 합니다. 설교는 묵상을 통해 만들어집니다. 그렇다면 묵상은 무엇일까요? 설교자는 자신에게서 뭔가 나오는 것이 아니라 위로부터 전달 받아 그 받은 것을 나누는 사람입니다. 그러다 보니 자신에게는 줄 것이 없습니다. 받아야 나눌 게 생깁니다. 묵상의 과정을 통해 성령이 하나님의 말씀을 설교자 안에 채우시는 겁니다.

그래서 설교의 첫 번째 행위는 무엇을 행함이 아니라 기다림입니다. 말씀을 기다리는 행위가 바로 묵상입니다. 묵상이 있는 설교자의 유익은 설교의 자원이 딸리지 않는다는 겁니다. 묵상을 계속하면 그 자체가 설교의 자료를 풍성하게 만들어 줍니다.

말씀은 무궁무진하고 거대한 세계이며 아무리 파도 끝없이 나옵니다. 묵상하면 그 말씀을 더 풍성하게 만들 수 있습니다. 묵상이 있는 설교자의 특징은 성도들과 교감을 이루는 것이라고 할 수 있습니다. 묵상은 말씀이 농익는 작업입니다. 설익게 하는 것이 아니라 말씀을 농익게 하고 자신 안에 깊이 내재화해 심화시키는 것입니다. 묵상하는 사람은 자기만의 묵상을 통해 말씀이 영혼과 가슴에 농익어 그 농축된 말씀이 자신의 언어로 흘러나옵니다. 낯선 언어를 쓰는 게 아닙니다. 묵상의 과정을 통해 언어가 자기 안에서 무르익은 것입니다. 오랫동안 가슴에 품고 있었기 때문에 말씀을 전할 때도 낯선 말이 아니라 자기 말처럼 전달됩니다.

설교자는 설교할 때 말을 통해 전달하는데, 평소 쓰는 친숙한 언어는 아닙니다. 자신에게도 낯선 언어를 전하게 됩니다. 잘 정리되었다고 해도 자기 언어가 아닙니다. 늘 사용하던 언어가 아닌 것입니다. 그러다 보니 청중이 들었을 때 설득력이 떨어집니다. 그런데 묵상은 '자기 언어화'를 하는 것입니다. 언어의 성육신화입니다. 언어가 자기 안에 깊이 뿌리 내리는 묵상 과정을 거친 설교는 생동감이 넘치고, 성도들의 가슴에 와 닿게 합니다.

묵상이 없는 설교는 건조하지만 묵상이 있는 설교는 부드럽습니다. 자기화된 언어로 말하기 때문에 부드러워질 수밖에 없습니다. 그래서 설교자는 묵상의 힘을 키워야 합니다. 연구만으로는 안 됩니다. 연구의 목적이 무엇입니까? 성경 연구를 하는 이유는 연구 자체가 목적이 아니라 묵상을 더 깊게 하기 위해서입니다. 연구의 초점은 사실 묵상에 있습니다. 연구한 것만 꺼내 놓으면 설교라고 할 수 없습니다. 그냥 강의일 뿐입니다. '가르침'과 '설교'는 큰 차이가 있는데, 이 둘을 구분할 수 있어야 합니다. 가르침은 머리로 갑니다. 설득은 할 수 있지만 감동을 주기는 쉽지 않습니다. 그저 지적인 작용으로 흘러가고 맙니다.

목회자는 묵상의 힘을 길러야 합니다. 묵상의 힘, 묵상의 깊이가 관건이 됩니다. 목회자들 가운데 공부하다 보면 지적으로 흘러가는 사람이 많습니다. 물론 지성은 꼭 필요한 것이긴 하지만 묵상이 빠진 지적인 설교는 건조해집니다. 머리로만 가는 설교가 되고 마는 것입니다. 그러나 설교는 결코 머리의 작용으로 끝나선 안 됩니다.

묵상은 시간 싸움입니다

묵상은 시간을 들여야 하기 때문에 바쁜 사람은 할 수가 없습니다. 그리고 묵상은 어떤 짜여진 틀 안이 아니라 우리 삶 전체에서 경험되어야 합니다. 묵상적인 삶, 일상이라고 할 수도 있습니다. 사실 목회자는 관조적이어야 합니다. 어떤 생각과 말씀을 가지고 깊이 들어가려고 하는 내구력이 있어야 합니다. 생각의 힘은 결국 묵상의 힘에서 나오는 겁니다.

목회자는 목회적 어려움이 몰려와도 자기중심성이 흔들리지 않을 만큼 말씀이 자기 안에 내재화되어 있는지, 묵상을 통해 생각의 깊이가 자신을 견고하게 만들어 주는지 자신의 일상 전체를 놓고 살펴보아야 합니다. 책상 앞에 앉아 본문을 앞에 두고 잠시 의식적으로 하는 묵상이 아니라 운전할 때나 길을 걸을 때, 샤워할 때, 기도할 때, 본문 말씀을 꺼내고 또 꺼내어 묵상을 되풀이해야 합니다. 그래서 설교자의 삶 자체가 묵상적 삶이어야 한다는 것입니다.

오늘날 한국 교회에는 묵상이 결여되어 있다는 생각이 듭니다. 무엇이 바쁜지 계속 시간에 쫓겨 살다 보니 설교자라고 하면 묵상가적 이미지보다 활동가의 이미지가 많습니다. 묵상이 있고 그다음에 활동을 해야 하는데 말입니다. 그래서 묵상을 시간과의 싸움이라고 합니다. 묵상은 조급하면 할 수 없기 때문입니다. 독

말씀 묵상으로 강단을 세우다

서를 하더라도 묵상에 도움이 되고 유익이 되고 통찰을 주고 영감을 주는 책을 읽어야 합니다. 우리 생각에 자극을 주고 묵상의 시너지를 불러일으키는 책을 읽어야 무지의 중력을 벗어나고, 계속 자극을 받을 수 있습니다.

이를 위해선 가장 창조적인 시간을 내어야 합니다. 누구에게나 자신에게 가장 좋은 시간대가 있습니다. 사람마다 생활의 리듬에 따라 가장 좋은 시간대가 다를 텐데, 성경 읽고 묵상하기 좋은 시간을 안배해야 합니다. 개인적으로는 오전 시간을 선호합니다. 이 시간에는 철저하게 바리게이트를 치고 묵상하고 또 말씀을 준비합니다. 그 시간을 최우선순위에 두는 겁니다. 결국 설교도 투자라고 할 수 있습니다. 시간의 투자인 셈입니다. 시간을 덜들였는데 멋진 설교를 할 수 있겠습니까! 그런 일은 절대 일어나지 않습니다. 반드시 시간을 들여야 합니다. 시간을 곰삭혀야 하고 시간을 들여야 합니다.

묵상과 연구가 조화를 이루어야 합니다

설교자의 묵상은 다릅니다. 지금은 대부분의 교회와 성도가 큐티를 하고 있지만, 한국 교회에서 큐티가 활성화된 것은 20~30년 전으로 그리 오래되지 않았습니다.

교육전도사 시절부터 만나는 사람들에게 큐티를 가르쳐 주어 일대일로 하나님과 교제하는 시간을 갖도록 했습니다. 먼저 교사들을 만나 큐티를 가르쳤는데, 교사회에서는 큐티 모임을 했습니다. 시드니에서 목회할 때도 온 교인이 큐티를 하도록 초창기 때부터 큐티 그룹을 만들어 나갔습니다. 그러다 보니 교회에 말씀을 묵상하고 말씀을 나누는 큐티 그룹이 많았습니다. 이때 가장 중요한 역할을 하는 사람이 바로 큐티 리더입니다. 큐티를 열심히 하는 사람이 리더가 되고 소그룹을 이끌어 가면서 소그룹 모임에서 큐티 나눔을 합니다. 다른 교재는 필요하지 않습니다. 그날 본문을 가지고 나눔을 하면 됩니다.

그렇다면 성장은 어떻게 진행될까요? 예를 들어 아이의 성장은 스스로 밥을 먹으면서부터 시작됩니다. 엄마가 떠먹여 주는 단계까지가 아기인 것입니다. 자기 스스로 밥을 먹는 순간부터 아이는 성장하기 시작합니다. 그런데 한국 교회는 떠먹여 주는 것만 하고 있습니다. 목회자가 끊임없이 떠먹여 주지 않으면 그냥 굶고 있는 것입니다. 일주일 동안 쫄딱 굶고 교회에 나온 사람이 설교를 잘 받아들이겠습니까, 잘 먹으며 지낸 사람이 잘 받아들이겠습니까? 오래 굶었다가 갑자기 음식을 섭취하면 배탈이 납니다. 주일에 듣는 목회자의 설교에만 목을 매고 있다면 그 영혼이 어떻게 되겠습니까? 정상적이지 않을 겁니다. 자기 스스로 밥을 먹도록 해주어야 합니다.

그러나 목회자의 큐티는 성도들의 것과 구별되어야 합니다. 설교자에게는 무엇보다 '묵상(meditation)'과 '연구(study)'가 중요하다고 했습니다. 설교자는 연구하면서 묵상도 해야 하는데, 연구와 묵상이 균형과 조화를 이루어야 합니다. 묵상만 하는 사람은 본문에 깊이 들어갈 수 없어 딜레마에 빠지게 됩니다. 본문을 피상적으로만 대하면서 그냥 넘어가기 때문입니다. 깊이 들어가려면 본문 연구를 함께해야 합니다. 이것이 목회자와 평신도와의 차이점입니다. 목회자라면 반드시 본문을 더 깊이 들여다보는 노력을 해야 합니다.

연구만 하면 설교가 너무 딱딱해집니다. 묵상만 있으면 깊이 있는 설교를 할 수 없습니다. 그러므로 깊은 묵상을 위해서는 연구가 뒷받침되어야 합니다. 연구를 지속적으로 하되 묵상도 놓치면 안 됩니다. 성경을 깊이 들여다보는 것도 중요합니다. 요즘은 좋은 책이 홍수같이 쏟아져 나오고 있기 때문에 자료의 궁핍함이 없습니다. 그럼에도 설교의 내용이 빈약하다면 게으른 거라고 생각해야 합니다.

중요한 것은 연구와 묵상의 균형입니다. 근데 설교자의 설교 준비는 연구 쪽으로 기울어져 있을 가능성이 높습니다. 묵상과 연구의 균형을 갖추는 훈련이 필요합니다. 사실 묵상과 연구는 균형을 맞추기가 어렵습니다. 사람은 언제나 자기가 좋아하는 쪽으로 기울어지게 되어 있는데, 묵상과 연구 모두 똑같이 중요합니다. 늘 이렇게 할 수는 없겠지만 중요한 본문인 경우 목회자는 연구에 도움이 되는 책들을 참고하면서 연구 쪽에 좀더 무게를 둘 수 있습니다. 본문을 좀더 깊이 파고들면 자연히 묵상 시간이 짧아질 수밖에 없습니다. 그렇다고 해도 의외의 소득을 얻을 수 있습니다. 참고 도서 없이 그냥 본문 앞에 머물러 있는 시간도 필요하다고 생각합니다.

개인적으로 잘 아는 본문이라면 연구에 많은 시간을 들일 필요가 없지만 연구가 더 필요하다고 느껴질 때 목회자는 참고 도서의 도움을 받으면서 성도들이 하는 큐티 시간보다 긴 시간을 들여 연구와 묵상을 함께하는 것이 좋습니다. 요즘은 설교자를 위한 본문 연구와 성경 해석을 도와주는 책이 많이 나와 있어 그 것들을 활용할 수 있습니다.

설교자의 묵상이란?

그렇다면 묵상은 무엇입니까? 이것에 대해 나름 고민해 보았습니다.

첫째, 묵상은 뿌리내리는 것입니다. 뿌리는 겉으로 드러나지 않기 때문에 쉽게 무시하게 되는데, 뿌리내리는 것은 절대 쉽지 않은 일입니다.

우리 안에는 잘못된 뿌리가 내려져 있습니다. 우리 안에는 말씀의 뿌리를 내리지 못하도록 막는 악인과 죄인, 오만한 자의 잘못된 뿌리가 있습니다. 우리 삶에 과거의 습관이나 교만, 헛된 욕망, 거짓된 성공 의식 등이 굳건하게 자리 잡고 있다면 하나님의 말씀을 묵상하고 깊이 뿌리내리게 하는 것이 힘들 수밖에 없습니다. 우리 내면 세계의 혼돈스러운 것들은 말씀의 묵상을 통해 정리됩니다. 묵상을 통해 우리 영혼의 탐사 작업이 일어나야 하고, 삶을 조망해야 하고, 자신의 내면에 무엇이 흐르고 있는지를 들여다보아야 합니다.

우리 교회의 부교역자들과도 이 씨름을 합니다. 대형 교회이고 어떻게 보면 화려한 스테이지에 서고 활동하고 사역하면서 자신의 내면을 다루지 못할 가능성이 많습니다. 그러나 잘못하면 허영과 인간적 욕망, 성공 의식, 자기 드러냄에 대한 욕망을 이겨내지 못할 수 있습니다. 멋있게 사역한다고 생각할지 모르지만 큰일 납니다. 사실 설교할 때 설교 자체의 의미를 모르고 설교하는 경우가 있습니다. 성도들에게 어떤 개념을 던지는데, 그 말이 뭔지도 모르고 설교할 때가 있는 겁니다.

말씀이 설교자 안에 깊이 뿌리내리는 과정은 긴 시간을 요하는 작업으로, 잘못된 뿌리를 쳐내고 말씀이 설교자의 영혼 깊은 곳에 심겨지고 뿌리내리기 위해선 오랜 수고와 말씀에 대한 헌신이 있어야 합니다. 뿌리는 눈에 안 보이지만 반드시 드러나게 되어 있습니다. 사실 설교자는 열매를 통해 그 뿌리를 봅니다. 열매는 뿌리의 결과물입니다. 뿌리가 시냇가에 심겨 있어야 가물어도 영향을 받지 않고 마침내 열매로 드러나게 됩니다. 이처럼 뿌리는 눈에 보이지 않지만 열매를 통해 확인할 수 있습니다.

시편 1편을 보면 묵상은 말씀을 즐거워하며 율법을 즐거워한다고 말씀합니다. 이렇듯 묵상은 즐거워하는 것입니다. 하루 중 가장 즐거운 시간은 언제입니까? 목회에 있어 무엇이 가장 즐거운가요? 시편 1편은 말씀을 즐거워하는 것이라고 합니다. 그러므로 설교하기 전에 가장 먼저 설교자 자신이 말씀의 즐거움을 맛보아야 합니다. 아이들은 자기가 좋아하는 것을 할 때 가장 행복해합니다. 예를 들어 아이들은 모래장난을 할 때 엉덩이를 빼고 코를 흘리면서 바람이 부는데도 거기에 빠져 즐거워합니다. 이때 '몰입'이라는 단어를 쓸 수 있습니다.

가장 행복한 순간은 몰입의 순간입니다. 하나님의 말씀에 몰입해 그 비경 안으로 들어가 "와! 여기에 이런 것이 있었네"라며 탄성을 지르고 즐거워하는 것입니다. 누군가에게 전하기 위해서만 성경을 읽는다면 재미가 없을 것입니다. 그리고 설교를 해야 하는 주일은 어찌나 빨리 돌아오는지 세금 고지서처럼 피할 수도 없습니다. 그냥 말씀을 말씀으로 오롯이 즐거워하는 것, 그 즐거움이 목회자에게 힘이 됩니다.

묵상이라는 도구를 통해 설교자가 가지려고 하는 궁극적 목표는 하나님과의 교제입니다. 하나님과의 교제를 위하여 묵상하는 것입니다. 묵상 자체가 목표가 되면 안 됩니다. 묵상이 하나님과 교제하는 일이라면 마르다가 아니라 하나님 앞에 나아가는 마리아처럼 주님의 발치에 앉아 그 말씀의 입술을 바라보며 기다려야 합니다. 마리아는 말씀을 따라 살아갈 때 주어지는 즐거움을 알았습니다. 시편 1편의 기자는 이것을 이야기하고 있습니다. 그래서 묵상이 머리의 작용이 아니라 몸의 작용으로 이어지고, 그것이 삶의 모든 영역에서 주어질 때 설교자의 삶을 가장 즐겁게 해 줍니다.

둘째, 묵상은 '주야로' 해야 합니다. 여호수아 1장을 보면 삶 전체가 묵상의 과정입니다. '주야로'는 삶의 전 과정을 말합니다. 일상의 묵상은 설교자에게 꼭 필요합니다. 그래서 설교자는 항상 메모하고 그때그때 주시는 말씀에 반응해야 합니다. 그렇다면 목회는 무엇인가요? 말씀을 주야로 묵상하는 것입니다. 성도들에

말씀 묵상으로 강단을 세우다

게 베푸는 것이 아닙니다.

그리스도의 말씀이 너희 속에 풍성히 거하여 모든 지혜로 피차 가르치며 권
면하고 시와 찬송과 신령한 노래를 부르며 감사하는 마음으로 하나님을 찬
양하고 골 3:16

묵상은 하나님의 말씀을 채우는 작업입니다. 목회자는 묵상을
통해 말씀을 계속 채워 나가야 합니다. 그러면 결국 그 채워진 것
이 흘러갑니다. 목회도 이와 같습니다. 끊임없이 채우고, 채우면
자연스레 성도에게 흘러갑니다.

셋째, 묵상을 통해 말씀의 빛으로 들어가야 합니다. 말씀의 빛
안으로 들어가기 위해서는 성령의 도우심이 절대적으로 필요합
니다. 이는 우리의 지적 작용으로만 되는 것이 아니라 성령의 도
우심이 꼭 필요합니다. 성경을 묵상할 때 성령이 조명해 주시는
은혜를 받아야 합니다. 묵상은 하나님의 말씀의 빛이 우리의 심
령을 비추게 합니다. 말씀이 우리의 심령을 비추는 작업으로, 묵
상을 통해 우리의 거짓된 실체가 드러납니다.

넷째, 묵상은 말씀을 경험하는 것입니다. 말씀에 푹 젖어 말씀
안으로 들어가는 겁니다. 말씀 안으로 자신이 들어간 느낌을 받
아 본 적이 있습니까? 말씀 안에 푹 젖는 느낌을 받아 본 적이 있
습니까? 물을 잔뜩 품은 스펀지는 건드리기만 해도 물이 탁 튀어

오릅니다. 이처럼 목회자에게서 건드리면 살아 있고 생동감 넘치는 말씀이 탁 튀어 올라야 합니다. 이를 통해 알 수 있듯 묵상은 어떤 프로그램이 아니라 삶이 되어야 합니다.

한국 교회의 성도들에게 묵상을 제대로 가르칠 수 있다면 다른 프로그램은 필요하지 않다고 생각합니다. 제자훈련도 매일 말씀 묵상을 하는 게 익숙한 사람만 제대로 적용됩니다. 말씀 묵상이 안 되면 그냥 프로그램 하나 이수한 것에 불과합니다. 다른 어떤 것보다 먼저 주야로 하나님의 말씀을 먹는 사람, 매일 하나님 앞에 기도로 나아가는 사람이 되어야 합니다.

그렇다면 묵상은 어떻게 해야 합니까? 너무 당연한 이야기지만 말씀을 사모해야 합니다. 말씀 앞에 시간을 바쳐야 합니다. 말씀의 비경은 아무에게나 드러나지 않습니다. 지긋이 앉아 있는 싸움을 할 줄 알아야 합니다. 목회는 막 돌아다닌다고 되는 것도 아니고, 이 프로그램 저 프로그램 도입한다고 되는 것도 아닙니다. 항상 손에 성경이 들려 있고, 그 안에서 시간을 보내야 합니다. 우리 영혼에 하나님의 말씀이 축적되는 작업이라고 할 수 있습니다. 말씀의 곳간이 텅텅 비었는데 어디서 비법을 배워 온다고 해결되겠습니까? 안 됩니다. 유명한 말씀의 종을 불러와서 집회를 열면 되겠습니까? 안 됩니다.

목회자는 성도들이 스스로 눈을 떠서 자기 손으로 성경을 먹게 만들어야 합니다. 매일 말씀을 먹어야 주일에 말씀을 더 사모하게 됩니다. 매일 묵상하는 사람들의 귀에는 설교가 훨씬 더 잘 들립니다. 말씀의 눈을 뜬 사람은 설교를, 묵상하는 설교자의 설교를 잘 알아들을 수 있습니다. 영이 통하게 되는 겁니다. 영의 일치가 일어납니다.

매일 말씀을 묵상하는 사람과 묵상하는 설교자가 하나님의 말씀을 주고받을 때 거기서 교감이 일어나고 공감이 일어나고 설득되고 행동으로 이어집니다. 그때는 목회자가 이렇게 하라 저렇게 하라고 할 필요가 없습니다. 동일한 말씀이지만 성령이 각자의 상황에 따라 다르게 말씀하셔서 그들의 삶을 말씀이 이끌어 가게 하십니다. 그러면 목회자가 임의로 힘을 주거나 사람들을 움직이도록 하기 위해 어떤 운동을 일으킬 것도 없습니다. 성령이 말씀을 통해 회중을 움직이시는 겁니다. 그러면 목회가 쉬워집니다. 목회자가 하는 것이 아니라 말씀이 하시고 성령이 하시기 때문입니다.

결국 하나님과의 대화를 위해서는 듣는 훈련이 필요합니다. 사실 듣는 훈련이 가장 안 되어 있는 사람은 목회자입니다. 목회자들이 묵상을 잘 못하는 이유는 듣는 쪽이 아니라 말하는 쪽에 익숙해져 있기 때문입니다.

그러나 들어야 합니다. 듣는 귀를 가져야 합니다. 들어야 전할 수 있습니다. 목회는 하나님이 하시는 말씀을 듣고 그 말씀을 회중에게 전하는 것입니다. 이때 자신이 말하고 싶은 것이 아니라 하나님이 말씀하신 것을 전해야 합니다. 이를 위해선 듣는 작업이 선행되어야 합니다. 그리고 묵상을 통해 말씀에 눈이 열리는 경험을 해야 합니다.

다섯째, 묵상과 기도는 균형이 중요합니다. 상관관계에 있어서 기도는 묵상을 심화시켜 주고, 묵상은 기도를 더 깊게 해줍니다. 말씀이 지성화로 기울어지지 않기 위해서는 기도를 붙잡아야합니다. 기도 시간에 말씀을 품은 채 말씀을 가지고 기도하면 위력이 생겨납니다. 그러므로 기도하면서 말씀을 가져오고, 말씀을 가져오면서 기도해야 합니다.

성경 해석이 성경으로 되어야 합니다

설교자는 시대적 상황이 변해도 변하지 않는 성경의 원리들을 찾아내야 합니다. 특별히 종교개혁시대에 가장 중요했던 부분은 "성경으로 돌아가자"였습니다 성경이 성경으로 해석되지 않은 시대는 타락을 불러옵니다.

오늘 우리 시대에 가장 큰 핵심은 성경이 성경으로 해석되지 않는다는 것입니다. 텍스트가 텍스트로써 귀중한 대우를 받지 못하고 있습니다. 이때 설교자는 상황을 쫓아가는 유혹에 빠지게 되어 있습니다. 그리고 자기 형편에 맞는 방법론을 가져다 쓸 위험성이 있습니다. 특별히 한국 교회는 성장주의로 갈 위험성이 있습니다.

그래서 설교자의 가장 큰 고민은 성경 해석의 문제입니다. 오늘날 한국 교회의 목회자들이 겪는 혼란은 성경을 무시한 결과입니다. 설교자가 설교를 해도 그렇습니다. 성경을 읽고도 성경의 이야기는 무시한 채 자신의 이야기를 하기 때문입니다. 텍스트 안으로 밀고 들어가는 집중력이 없는 것이 문제입니다. 성경은 단순히 설교자의 목적에 따라 인용될 뿐입니다. 이것은 너무나 위험합니다. 말씀을 말씀 그대로, 계시로 드러내고자 설교하는 것이 아닙니다. 자기 마음대로 합니다. 성경이 성경으로 해석되지 않으면 설교자의 마음대로 바뀌고 맙니다.

설교자가 반드시 기억해야 할 것은 자신이 말씀에 진짜 관심이 있느냐에 대한 부분입니다. 진짜 말씀이 중요하다고 생각한다면 말씀에 생명을 걸어야 합니다. 바로 텍스트입니다. 상황에 대한 이해와 콘텍스트에 대한 이해, 이를 통해 그 상황을 재해석하고 그 상황에 빠져 있는 사람들을 하나님의 진리로 끌어오는 것입니다. 이를 위해선 텍스트가 무엇인지, 성경이 어떻게 말씀하고 있는지, 오늘 교회에 대해 주님이 뭐라고 말씀하고 계시는지에 대한 몸부림이 있어야 합니다. 그런데 겉만 핥고 다른 곳으로 빠지게 되면 결국 사람 중심의 설교가 됩니다. 집중력이 없으면 옆으로 새게 됩니다.

방법론은 본질에서 나옵니다. 본질에서 이탈한 방법론은 위험한 무기가 됩니다. 본질이 강한 사람에게서 나오는 방법론은 굉장한 힘을 갖고 있습니다. 이 본질이 깊지 않으면, 본질에 집착하지 않으면 설교자는 현실 문제에 휘둘릴 수 있습니다. 승부는 강단에서 납니다. 그러므로 이곳에 생명을 걸어야 합니다. 가장 중요한 게 그 일이라면 거기에 가장 많은 시간을 들여야 합니다.

설교자 자신이 성경 본문에서 말씀하시는 하나님의 음성이 무엇인지 귀를 기울여 듣지 않는다면 어떻게 됩니까? 말씀이 설교자를 이끌지 않으면 그 설교는 너무나 위험한 것이 되고 맙니다.

말씀 묵상으로 강단을 세우다

Chapter 3

설교의 장·단기 계획

목회자의 설교 계획에 대해 살펴보겠습니다. 목회 계획에서 중요한 것이 설교 계획인데, 단기적 계획과 장기적 계획을 함께 세워야 합니다. 여기서는 자기 자신과 성도들의 신앙 여정, 신앙의 단계를 생각해야 합니다. 저는 새순교회를 개척할 초기에 에베소서로 설교를 시작했습니다. 그리고 교인들이 모인 다음 역동이 일어났을 때는 로마서 설교를 했습니다. 그때 교인들에게서 변화가 일어나고 교회가 말씀으로 세워지는 등 엄청난 경험을 했습니다.

소위 교회는 기초 단계, 확립 단계, 무장 단계를 거치게 됩니다. 교회 초기에는 신앙의 기초를 다질 필요가 있습니다. 초신자부터 기존 신자까지 모여 있어 어떤 계획이든 늘 전체를 고려한 계획을 세워야 합니다. 현실적으로 어려운 문제인 것만은 확실합니다.

가장 먼저 고려해야 할 대상을 정해야 합니다

설교에 있어서도 마찬가지입니다. 어떤 설교를 하든 모든 계층을 고려한 설교를 해야 합니다. 목회자가 할 수 있는 성도들에 대한 최고의 사랑은 무엇입니까? 말씀으로 건강하게 성도들을 먹이는 것입니다. 이때 신앙의 성장을 도와주는 모든 것이 설교 안에 있습니다.

설교에서 반복적으로 해야 하는 주제도 있습니다. 기존 신자나 초신자 모두에게 반복적으로 회심해서 성화에 이를 때까지 계속 영적 성장을 돕는, 회심해서 영적 성장을 돕는 말씀이 항상 들어가 있어야 합니다.

교회 전체를 봤을 때 어느 단계에 좀더 집중해야 하느냐는 그때그때 목회적인 촉이 필요합니다. 그래서 초신자에 비해 성숙한 신자에게도 적용 가능한 설교 형태가 되어야 합니다. 초기 단계에서 창세기를 비롯해 모세오경은 중요한 기초가 됩니다. 선지서도 마찬가지입니다. 특새 때 이사야 40장부터 66장까지를 설교한 적이 있는데, 구약의 복음을 다루는 것이 큰 유익이 되었습니다. 신약으로 넘어가서는 로마서나 갈라디아서, 에베소서, 요한계시록 등을 다루면 됩니다.

신앙의 근본적인 부분에서는 성경 전체가 중요하지만, 신앙의 가장 묵직한 주제를 다루어 기초를 받쳐 줄 수 있는 설교를 해야 합니다. 그동안 주일 강단에서 주기도문이나 십계명 등을 오랜 시간 동안 설교했습니다. 설교자는 무엇보다 신앙의 기본적인 골조를 세우는 역할을 하는 본문을 다룰 필요가 있습니다.

목회를 하다 보면 목회자로서 공동체에게 특별히 전해야 할 말씀의 필요성을 느낄 때가 종종 있습니다. 계획을 세우는 것은 중요하지만 영적 민감성을 잃지 않으면서 목회하는 것도 중요합니다. 그러면 어떤 본문을 가지고 어떤 설교를 하든지 간에 그 시대와 상황, 공동체가 처한 현실에 따라 그 말씀의 어떤 부분이 더 강조되어야 하는지를 파악하여 다르게 설교할 수 있기 때문입니다. 이는 목회하는 데 있어 집중력을 가지고 변화의 흐름이나 큰 텍스트를 이해하는 민감성이 필요하다는 뜻입니다. 무엇보다 성경을 사랑하고 말씀에 충실한 설교자라면 어떤 본문을 가지고 설교하든지 그 시대와 청중에게 가장 적절한 설교를 할 수 있습니다.

설교 계획에서 중요한 것은 신구약 전체를 균형 있게 고루 전하는 성실함을 가져야 한다는 겁니다. 균형을 이루는 것이 중요합니다. 성경의 기본적인 해석을 통해 강해 설교를 하려고 하면 사실 어떤 것을 선택하든 성도들의 영적 영양분을 균형 있게 채워주기 위한 기본적인 마스트 플랜이 잡혀 있어야 합니다. 이것이 굉장히 중요합니다. 영적 민감성을 가지고 상황에 따라 어떤 본문이든 신앙의 전 여정에 필요한 것들을 다양하게 증거할 수 있는 역량을 갖춰야 합니다.

기본적 관찰과 해석 과정이 우선되어야 합니다

설교 준비를 할 때 일반적으로 본문 관찰과 해석, 적용의 단계로 갑니다. 본문을 관찰할 때는 '어떻게 구성되어 있는가', '전후 문맥은 무엇인가', '핵심 인물은 누구인가', '핵심 주제는 무엇이며, 핵심 사건은 무엇인가', '주요 동사는 무엇인가', '좀더 자세하게 다뤄야 할 단어는 어떤 것인가' 등을 살펴보아야 합니다.

그다음은 의미로 넘어가 '본문에서 무엇을 말하고 있는가', '하나님은 어떤 분이신가', '복음을 이 본문 어디서 발견할 수 있는가', '하나님이 말씀하시고자 하는 것이 무엇인가', '오늘 이 시대에 주시는 메시지는 무엇인가' 등을 살펴야 합니다. 그래서 문단, 문맥, 단어, 관련된 인물과 지명 등 기본적인 연구 그리고 묵상의 몇 가지 단계를 거쳐야 합니다. 여기서 설교자는 주해서를 이용합니다.

설교 준비에 있어 중요한 점은 언제나 본문에 대한 주해 작업을 통해 본문을 정확하게 이해해야 한다는 것입니다. 주해 작업 없이 곧바로 적용 일변도의 설교에 돌입해서는 안 됩니다. 성경 본문에 대한 기본적인 관찰과 해석의 과정을 생략한 채 설교하면 설교는 설득력을 잃게 됩니다. "왜 목사님이 저기서 소리를 지르는 거지? 뭐 때문에?"라고 말할 수도 있습니다. 와 닿지가 않는 겁니다. 또한 본문을 가볍게 다루면 설교는 설교자의 견해를 나타내는 정도로만 끝날 수 있습니다. 청중이 설교를 하나님의 말씀으로 듣게 하려면 본문에 대한 주해 작업이 충분히 이루어져야 합니다. 본문 안으로 먼저 밀고 들어가는 성실함이 필요하다는 말입니다.

청중의 입장에서 설교를 하나님의 말씀으로 신뢰하게 하려면 설교자의 성실한 본문 주해 작업이 반드시 필요합니다. 탄탄한 주해의 과정을 거치면 설교에 안정감이 생깁니다. 가장 힘든 부분일 수도 있지만 주해 작업은 설교 준비 과정에서 꼭 필요한 것이므로 시간을 반드시 들여야 합니다. 그렇다고 해서 설교 시간에 주해를 할 필요는 없습니다. 헬라어나 히브리어가 나오고 문법적인 설명이 들어가면 성도들이 어려워합니다.

설교 준비 과정에서 충분히 주해를 하고 설교에서는 이것이 감추어져 있어야 합니다. 그래야 설교자는 본문의 의미를 충분하게 드러낼 수 있습니다. 미리 주해를 했기 때문에 문장 안에 주해가 녹아들어가 있는 것입니다. 이는 앞으로 설교자가 설교를 준비해 나가는 과정에서 매우 중요한 요소일 수 있는데, 주해 작업을 성실하게 하지 않고 설교를 쉽게 만드는 게 몸에 익으면 시간이 흘러 판도를 바꿔 놓게 됩니다. 처음에는 표가 나지 않습니다. 주해 작업 없이도 은혜로운 설교가 되기도 하는 것 같습니다. 때려잡을 수 있고, 감화도 끼칠 수도 있는데 장기적으로는 안 됩니다.

한 교회에서 오랫동안 목회자로서 건강한 목회를 하는 설교자로 서 있기 위한 가장 중요한 요소 가운데 하나가 주해의 성실함입니다. 그런데 사실은 이게 잘 드러나지 않습니다. 주해를 했는지 안 했는지 표가 안 납니다. 자기만의 시간을 성실하게 투자해야 하는데, 사실 이 시간을 안 들이면 준비 시간이 확 줄어듭니다. 설교 준비가 한결 수월해집니다. 우선 은혜를 먹이기에도 좋아 보입니다. 그러나 이것은 자녀에게 인스턴트 음식을 먹이는 것과 같습니다.

제 설교 준비는 주해에 시간이 굉장히 많이 들어갑니다. 설교 전체를 보면 표가 안 날 수도 있습니다. 그런데 시간이 지나서 보면 탄탄한 주해력이 기초로 깔려 있는 설교와 그렇지 않은 설교는 하늘과 땅만큼 차이가 납니다. 아무리 큰소리를 치고 미사여구를 화려하게 넣어도 이 과정의 시간을 줄이면 설교의 구성이 빈약해질 수밖에 없습니다. 주해 작업이 약한 설교는 설교의 호소력이 떨어지기 때문입니다. 그러므로 설교 준비에서 본문 본래의 뜻과 의미를 밝혀내는 일에 최선을 다해야 합니다. 문법적·언어적·문화적·역사적 관점 등으로 어려운 부분이 많겠지만 말입니다.

복음서만 해도 비유 풀이 하나를 하기도 쉽지 않습니다. 물론 다른 설교자의 설교를 약간 끌어다 쓰면 쉬워질 것입니다. 그런데 그 편리주의에 익숙해지면 설교자로 오랫동안 세워질 수 없습니다. 스스로 해야 합니다. 요즘은 헬라어라든가 이런 원어와 관련된 내용을 다룬 좋은 책이 많이 나와 있습니다. 이미 만들어진 좋은 툴을 이용하면 큰 고생을 하지 않아도 됩니다. 좋은 참고 자료를 무조건 참고하지 말라는 뜻이 아닙니다. 그러나 본문 전체에 대한 주해는 자신의 시간을 바쳐야 합니다.

그런데 목회를 하다 보면 생각보다 시간이 많이 나지 않습니다. 그러다 보면 편리성에 쫓겨 설교가 난립할 수밖에 없습니다. 날조될 수도 있습니다. 쉽게 만들어지는 것에 길들여지면 결국 설교를 카피하게 되고, 표절하는 사람이 많아지게 됩니다. 왜 표절할까요? 자기가 스스로 시간을 투자하고 몸부림치는 과정이 설교의 초기부터 습관화되어 있지 않기 때문입니다. 자기 안에서 나오지 않으니 어쩔 수 없이 빌려서 하는 겁니다.

시드니에서 목회할 때는 지금보다 더 많은 시간을 주해에 들였습니다. 20년 동안 한 공동체 목회를 하면서 주해와 관련된 책도 열심히 사 모았습니다. 젊은 목회자일수록 주해에 시간을 쏟아 부어도 좋다고 말하고 싶습니다. 처음부터 설교 준비를 주해 작업 없이 편하게, 빨리 은혜를 끼치려고 하는 구성으로 밀어붙이면 나중에 갈 길이 멀고 힘들어집니다. 목회가 힘들어지게 됩니다. 10, 20년 이상을 매번 그렇게 할 수는 없습니다. 그런 설교로는 목회를 끝까지 버텨낼 수 없습니다. 아마도 청중이 남아 있지 않을 겁니다.

설교집은 사역 초기에 설교를 배워야 할 때는 필요할 지 모릅니다. 그런데 시간이 지나면 다 버리는 게 좋습니다. 당장 써먹기 좋은 책들은 가급적 멀리하는 것이 좋습니다. 영국 설교자들의 설교와 미국 설교자들의 설교에는 차이가 있습니다. 영국의 설교자들은 심하다 싶을 정도로 본문을 자세하게 다루는 경향이 있어, 영국에서 공부하고 온 사람의 설교를 들으면 너무 심오해서인지 지루해질 가능성이 높습니다. 한편 미국의 설교자들은 적용이 탁월하지만 주해가 약합니다.

주해의 탄탄한 기초 위에 창의적인 뼈대를 세워야 합니다

또 하나 보겠습니다. 설교의 구상에 대한 부분입니다. 오늘날의 설교에서 매우 중요하게 여겨지는 요소는 창의성, 즉 창조성입니다. 설교자는 창의적이어야 합니다. 성도들은 이미 수많은 설교를 들었고 듣고 있습니다. 돌아온 탕자나 요나 이야기, 다윗과 골리앗 이야기는 수도 없이 들었을 것입니다. 설교에 있어 식상함이 만연해 있습니다. 식상하고 뻔한 설교를 하지 않으려면 결국 창의성을 확보해야 합니다. 본문의 진리를, 진리의 중심적 테마를 흔들지 않으면서 창의적으로 접근할 수 있어야 합니다.

설교의 지루함은 죄라고 말합니다. 너무도 뻔한 설교를 하면 청중은 하품을 하고 졸게 됩니다. 설교자는 새롭게 들리도록 창의성을 발휘해야 합니다. 신선함을 확보하려고 하면 구상할 시간이 필요합니다. 전체적인 윤곽 속에서 어떤 부분에 이 본문을 전할 것인가 하는 것을 결정해 나가야 합니다. 구상은 상상력

말씀 묵상으로 강단을 세우다

이 필요합니다. 이런 의미에서 보면 워렌 W. 위어스비(Warren W. Wiersbe)의 《상상이 담긴 설교》는 괜찮은 책입니다.

성경의 세계로 들어가려고 하면 상상력이 필요합니다. 보이지 않는 세계에 대한 말씀을 전달하기 위하여 설교자는 상상의 날개를 펼쳐야 합니다. 그래서 설교자는 성경의 기본적인 해석 외에 다른 접근을 해보게 됩니다. 뻔한 이야기를 너무 진지하게 하거나, 오랫동안 끌다가 청중은 감정 이입이 안 된 상태인데 설교자 혼자 심판조로 열을 냈다가 훌쩍거리다가 끝내선 안 됩니다. 자신이 만들어낸 상상의 세계로, 본문의 상황으로 사람들이 들어가도록 만들어야 합니다. 본문의 바깥에 있는 사람을 안으로 데리고 들어가야 합니다. 이런 관점에서 보면 설교자는 재미있는 이야기꾼이 되어야 합니다.

청중은 피곤하고 지친 몸으로 교회에 옵니다. 아차 하는 순간에 졸 준비를 하고 앉아 있습니다. 설교를 들으면서 청중이 스스로 그림을 그릴 수 있다면 상상력을 불러일으킨 설교를 한 것입니다. 팔레스타인의 광야 이야기를 할 때 뜨거운 햇빛이 청중에게 느껴지고, 가재 잡는 이야기를 할 때 시냇가의 찬 물이 튀어 뺨에 묻는 것 같은 느낌을 받게 해야 합니다. 예수님의 40일 금식 상태가 어떤 것인지를 전혀 공감하지 못하는 상태에서 금식 이야기를 이끌어 가면 설교가 빈약해집니다. 이런 부분에서 문장력이 탁월한 사람들의 글을 읽으면 기가 막히게 이야기를 풀어 가는 것을 볼 수 있습니다.

오늘 우리는 상상력이 죽은 시대를 살고 있습니다. 상상력은 시각보다 청각에 집중하도록 만듭니다. 요즘은 비주얼, 영상 시대가 되다 보니 반응하기는 좋은데 그만큼 금방 시들어 버립니다. 모든 것을 이미지화시키다 보니 상상의 고착화가 일어나고 있습니다. 요즘 프로젝트나 영상 등을 활용하는 교회와 목회자가 많습니다. 개인적으로는 설교 시간만큼은 말씀 자체로 승부를 거는 게 훨씬 좋다고 생각합니다.

지금 설교의 홍수 시대를 살고 있어 그 어느 때보다 설교자의 창의력이 요구됩니다. 창의적인 설교는 상상력이 필요한데, 이를 위해 은유를 사용할 줄 알아야 합니다. 탁월한 설교자이신 예수님도 설교할 때 은유를 많이 사용하셨습니다.

성경을 제대로 드러내는 것이 중요합니다

설교와 성경 신학에 대해 이야기하겠습니다. 쉽게 말하면 성경 신학은 성경을 성경으로 대하려고 하는 태도에서 나오는 시각입니다. 성경 전체에 대한 흐름, 성경 자체에 대한 통찰을 키우는 작업입니다. 사실 성경 신학은 시작된 지 오래되었지만 널리 알려진 것은 그리 오래되지 않았습니다. 신학교에 다닐 때 신학교 과목에 성경 신학이 없었습니다. 신학교를 하면서 목사들이 성경에 대해 무지하다는 것을 알게 되었습니다. 신학교에서 성경을 가르치지 않다 보니 배울 기회가 없었던 겁니다. 신학교에서 신학을 배워야 하는데 말입니다.

신학은 계몽주의 이후로 목회자의 가슴을 뜨겁게 하는 것보다 지적 만족을 안겨주는 학문적 신학으로 많이 기울었습니다. 그러다 보니 신학을 하면 가슴에 불이 붙어야 하는데 오히려 싸늘해집니다. 성경을 모른 채 신학의 체계만 배웠기 때문입니다. "목사로 들어갔다가 집사로 나온다"는 이야기가 괜히 나온 게 아닙니다. 그래서 성경을 더 잘 알고, 그 위에 신학의 뼈대를 세워야 합니다.

성경과 관련된 학문을 배워야 하는데, 성경의 비경 안으로 들어가게 해주는 훈련이 없습니다. 성경을 모른 채 설교를 한다는 건 어불성설입니다. 그러나 성경을 제대로 알기는 절대 쉽지 않습니다. 설교는 전적으로 성경을 드러내야 합니다. 철학적·인문학적 식견을 갖는 것도 중요하지만, 이는 성경을 이해하는 데 도움을 주는 보조적 작업일 뿐입니다. 성경 신학은 성경 자체에 대한 연구를 하도록 이끌어 줍니다. 성경에 대한 집중력을 갖기 위한 성경 신학적 노력이 필요합니다. 철저히 성경 안에서 답을 얻고자 하는, 질문을 던지고 성경 안에서 그 질문의 답을 찾고자 하는 노력이 필요합니다. 성경이 뭐라고 하는지, 구약에서 말하고자 하는 주제가 신약에서는 어떻게 말하고 있는지, 구약에서 그리스도는 어떻게 드러나고 있는지 하는 질문 말입니다.

교회와 협력해 진행하고 있는 목회자 멘토링 프로그램인 로드맵 플러스팀과 웨스트민스트신학교에 간 적이 있는데, 성경 신학의 그레고리 빌 교수가 우리를 위해 비행기를 타고 와서 강의를 해주었습니다. 강해를 듣고 있는데 '대가의 강의는 저런 거구나'라는 생각이 들었습니다. 앞서 언급했듯 텍스트에 대한 집중력은 아무리 강조해도 부족합니다. 설교의 출처는 철저히 성경이어야 합니다. 말씀은 말씀으로 드러날 때 능력이 있습니다. 성경의 전체적 이해는 물론이고 성경 흐름에 대한 맥락을 이해할 필요가 있습니다.

이해하기 어려운 청중을 위해 설교에 예화를 도입해야 하느냐 하는 질문을 받은 적이 있습니다. 예화도 마찬가지로 성경에서 가지고 오면 됩니다. 성경만 말하기도 설교 시간이 부족하기 때문입니다. 성경을 성경으로 해석하려고 하는 열심이 필요합니다. 이것을 뼈에 사무치도록 마음에 단단히 새겨야 합니다.

조직신학은 기본적으로 제대로 뼈대를 이루고 있어야 합니다. 신학교를 졸업한 뒤에도 목회자는 손에서 신학 책을 놓아선 안 됩니다. 신학 없는 목회로 오랫동안 사역한다면 길을 잃어버려 위험한 상황에 처하게 됩니다. 교회 성장이라는 도그마(dogma)에 걸려 모든 것이 거기에 함몰되어 버리는 것입니다. 성장주의에 함몰되어 숫자를 우상화하고 신학적 논의는 뒤로 밀린 것입니다. 많은 교회가 완전히 방향을 잃고 여러 가지 문제를 떠안은 채 허우적거리고 있습니다. 교회가 교부시대부터 이어져 온 이 신학이 가진 훌륭한 유산의 터전 위에 세워져 있지 않습니다.

2천 년 기독교의 터전 위에 개혁주의 신학이 든든히 서 있음에도 이 신학이 빛을 발하지 못한 채 목회의 현실에서 실종되어 있습니다. 타락과 구원, 회복 등 중요한 주제가 말입니다. 교리와 신조를 체계적으로 확립한 것이 조직신학이라고 본다면 설교자는 조직신학이 가진 중요한 역사 가운데서 탁월한 하나님의 종들이 가진 그 지성을 통해 하나님 말씀의 빛을 비추어준 신학적 정수들을 가지고 있어야 합니다.

　설교 가운데서 신학이 드러나진 않습니다. 그러나 스며들어 감춰져 있던 것이 빠져나와야 합니다. 그 뼈대와 골격을 붙들고 설교해야 합니다. 그래서 인간론과 신론, 삼위일체론, 교회론, 종말론 등 이 뼈대가 단단하게 세워져야 합니다. 뼈대는 대단히 중요합니다. 설교자에게는 신학적 토대가 단단할수록 좋습니다. 탄탄한 신학적 뼈대가 있어야 설교 계획도 그 안에서 만들어지기 때문입니다. 설교에서 조직신학은 노골적으로 드러나지 않지만 모든 곳에서 골고루 배어 나옵니다.

　목회와 설교는 신학적 행위입니다. 설교자는 신학의 중심이 되는 주제들을 파악하고 그것을 설교 안에 녹여내야 합니다. 하나님의 나라, 은혜, 창조, 구속, 심판, 하나님의 주권과 이런 공의를 균형 있게 다뤄야 합니다. 중요한 신학적 주제들을 이해하고 설교하는 사람은 목회의 현실이 다릅니다. 목회자는 피할 수 없는 중요한 주제들을 피해 가서는 안 됩니다. 핵심 주제를 관통해야 합니다. 오늘날 이단이 창궐하고 있는 것은 신학의 부재에 따른 폐해입니다. 성경을 다루되 신학적 뼈대를 갖춘 설교를 하면 건강한 설교자가 될 수 있습니다. 설교자는 이런 사실을 놓치지 말아야 합니다.

Part 4

어떻게 준비해야 하는가?

본문 해석과 설교 준비

Chapter 1.

설교 준비 과정

하나님이 창조하신 인간은 각자에 맞는 다양한 개성이 있습니다. 그리고 이런 특징은 설교에도 그대로 반영됩니다. 음성, 말투, 제스처, 발음, 문장, 표정 등이 완벽히 똑같은 설교자를 찾아볼 수 없는 것처럼 말입니다. 그리고 이런 개성은 설교자의 본문 연구와 설교 준비, 설교 작성 과정에도 큰 영향을 끼칩니다. 중요한 신학적인 노선에서 벗어나서는 안 되지만 설교자에 따라 한 본문을 놓고도 다양한 시각의 주제를 이끌어낼 수 있습니다.

설교에 정답은 없습니다. 그러므로 누군가, 특히 유명한 설교자의 해석이나 설교 스타일을 카피할 필요가 없습니다. 배우려는 의지는 좋지만 답을 정해 놓고 나 자신을 끼워 맞추는 것은 좋은 자세가 아닙니다. 하나님이 각 설교자에게 허락하신 개성과 특징에 맞추어 장점을 잘 살려 설교를 구성하고 전한다면 충분합니다. 그러면 어떻게 해야 설교를 잘할 수 있을까요? 그 첫 매듭은 설교 준비에 있습니다. 그리고 그 과정에 들어가려면 몇 가지 단계가 필요합니다.

상상력은 집중하는 시간에서 나옵니다

본문 속에서 상상력을 키우려면 책을 많이 읽어야 합니다. 아이들에게 가장 중요한 것이 상상력인데, 핸드폰을 들여다보고 컴퓨터로 게임하느라 상상력을 키울 시간이 없습니다. 아파트 문화, 벽돌 문화, 딱딱한 교실 문화 등으로 뭔가를 만지고 관찰하고 시를 쓸 일이 없습니다.

목회자에게는 설교하는 행위보다 설교 준비 과정이 더 중요합니다. 설교 준비는 설교자의 삶 전체라고 볼 수 있습니다. 그러다 보니 몇 시간 준비해 한 편의 설교가 탄생하는 것이 아닙니다. 설교자의 모든 삶, 어린 시절부터 현재까지의 모든 삶이 담겨져 있습니다. 설교자의 삶과 인격이 녹아 들어간 것이기에 설교는 긴 과정을 통해 만들어집니다. 그리고 지금 어떻게 살아가느냐 하는 것 역시 미래의 설교에 영향을 줍니다. 이처럼 설교 준비는 설교 행위만을 말하고 있지 않습니다.

설교는 텍스트가 있고 본문을 해석한다고 해서 가능한 것이 아닙니다. 설교자의 삶에 대한 태도, 인격, 도덕성을 비롯해 동료나 공동체 간에 관계를 맺어 가는 모든 일상이 설교 준비에 들어갑니다. 예외가 있을 수 없습니다. 삶의 전 과정을 통해 설교가 만들어져 갑니다.

좀더 자세히 들어가 봅시다. 일상 가운데서 설교 준비를 한다면, 예를 들어 주중에 하느냐 주초에 하느냐에 따라 차이가 납니다. 개인적으로는 주초에 주일 설교의 대부분을 준비합니다. 월요일에 설교 본문의 기본적인 주해 작업을 합니다. 이 과정이 가장 중요한데, 주해 작업을 하면 뼈대, 즉 기본적인 설교 구성이 잡힙니다. 구성이 잡히면 뼈를 붙이는 작업에 속도가 붙습니다. 뼈대를 어떻게 세울 것인지, 본문의 주해 과정에서 윤곽이 나오는 작업이 설교의 성패를 좌우합니다.

사실 시간에 쫓기면 설교 준비가 힘들어집니다. 미리 준비해 놓지 않으면 목회가 불규칙해집니다. 예상하지 못한 일들이 치고 들어와 나중으로 미루어지면 설교는 예기치 않은 사건과 문제로 말미암아 시간에 쫓겨 난공사가 되고 맙니다. 그리고 시간에 쫓길수록 설교자의 스트레스가 높아집니다. 설교는 절대 속성으로 만들어지지 않습니다.

개인적으로 수요일 이전에 설교 준비가 끝나는데, 주말까지 끌고 가지 않고 수요일 이전에 철야와 주일예배 설교 준비를 끝냅니다. 월요일에 기본적인 뼈대를 잡고 나서 구상과 묵상, 다듬는 작업이 수요일 이전에 마무리됩니다. 이는 설교자의 시간의 축이 설교에 맞춰져 있으면 가능합니다. 생활의 활동 범위도 설교와 연결되어 있어야 합니다. 부교역자에게는 쉽지 않겠지만 지금부터 그런 틀을 만들어 놓는 것이 좋습니다. 준비 과정을 하루로 친다면 모든 작업을 오전 시간에 집중해 끝내 놓는 것입니다.

저는 새벽기도를 마친 뒤 집에 간 기억이 별로 없습니다. 오전 시간이 골든타임이기 때문입니다. 오전에 집중력이 좋아서 그 시간의 질량을 높이기 위해 초집중합니다. 오후가 되면 뇌의 기능이 떨어져 산만한 게 사실입니다. 그리고 현실적으로 매 시간 자신만을 위해 살 수도 없습니다. 오전 시간을 말씀을 위해, 나 자신의 영적 축적을 위해 썼다면 오후에는 성도들을 섬기고 회의를 하고 사람도 만나야 합니다. 다만 오전 시간에는 철저히 이기적인 사람이 되어 양보를 안 합니다. 누구에게도 양보하지 않습니다. 이것이 오랜 시간 쌓여 나 자신을 지켜주고, 나를 만들어주었습니다. 오전 시간에는 이리저리 다니지 말고 한 자리에 앉아 몰두하는 시간을 가져야 합니다.

하나의 설교를 완성하려면 얼마나 집중력을 가졌느냐 하는 것

어떻게 준비해야 하는가?

이 중요합니다. 오랜 시간 설교를 준비했다고 대단한 게 아니라 집중력이 필요합니다. 그때는 스마트폰을 끄고 인터넷도 끄고 잡지 보는 것도 멈추고 잡담하는 것도 내려놓고 가족과의 중요한 대화도 미루는 등 다른 일이 끼어들지 못하게 모든 에너지를 쏟아 부어야 합니다. 시간의 마디가 생길 틈조차 주어서는 안 됩니다.

그렇다면 좋은 설교는 무엇입니까? 집중력이 높은 것인데, 그러면 플로(Flow)가 생깁니다. 이것의 힘은 실로 엄청납니다. 흐르면 파워가 생깁니다. 몰입이 되고 플로가 있는 설교는 설교자가 집중력 있게 만들어 듣는 사람들에게도 흘러갑니다. 그러므로 설교 중에 매듭이 생기지 않도록 해야 합니다. 설교의 집중력이 떨어지면 시간은 시간대로 들면서 구성이 산만해질 수밖에 없습니다.

설교자는 설교를 위한 시간이 삶의 중심에 놓여 있어야 합니다. 하루 중 골든타임을 그 설교를 위해 바쳐야 합니다. 설교자의 생리적 리듬을 다른 사람이 아닌 자신에게 맞춰 놓아야 합니다. 준비하는 시간이 들쑥날쑥하면 다른 것의 영향을 받아 심각한 일이 발생하게 됩니다. 주초에 임신하고 주말에 만삭이 되어 주일에 출산해야 합니다.

이 숨 막히는 일상의 드라마에 문제가 생기면 어려움이 닥칩니다. 설교가 목회에서 가장 중요하다고 이야기하면서 정작 설교를 위한 시간이 그 삶의 중심에 잡혀 있지 않는 목회자가 많습니다. 목회를 하면 할수록 목회지는 강단이고, 목회자는 설교자라는 생각이 듭니다.

설교자의 서재는 비밀 창고입니다

유명 셰프들은 자기만의 주방에서 기가 막힌 음식을 만들어내는 자신만의 비법이 있습니다. 몇 년 묵은 숙성된 장이나 조리법 등 자신만의 노하우가 있습니다. 다른 사람이 쉽게 따라할 수 없는 자기만의 맛을 낼 수 있는 독특한 무엇인가를 가지고 있는 것입니다. 설교자에게는 서재가 그 비밀입니다. 안에 뭐가 있는지 서재에 들어가 보면 딱 보입니다. 목회가 보이고 설교가 보입니다. 목회자의 지적 세계를 한눈에 볼 수 있습니다. 그래서 목회자는 서재와 기도의 골방에서 만들어진다는 이야기가 있습니다.

책은 신학이라는 큰 부류의 신앙 서적과 사회·심리·과학·예술·문학 등 모든 영역을 망라한 일반 서적으로 나뉩니다. 하나는 하나님과 관련된 것이고, 다른 하나는 세상과 관련되어 있습니다. 하나는 성경이고, 다른 하나는 신문입니다. 목회자는 이 두 세계를 이어주는 다리 역할을 합니다. 그러므로 양쪽을 다 알기 위해선 균형감을 가져야 합니다.

목회자가 특별히 관심을 가져야 하는 책은 주석입니다. 기본적으로 원어에 충실한 주석 책이 필요한데, 해설이 좋아야 합니다. 설교자는 장기적으로 탁월한 해설의 체계를 만들어야 하는데, 존 맥아더를 예로 들 수 있습니다. 성경 자체에 집중력을 갖게 만드는 책이 필요합니다. 다른 기준점을 둔다면 학술적인 것과 문학적인 것으로 나뉘거나 고전과 현대물로 분류할 수도 있습니다. 이때는 다른 무엇보다 균형점을 찾아야 합니다.

다음으로는 저자별 독서입니다. D. A. 카슨(D. A. Carson)의 책을 읽다 보면 사상적·신학적 부분에 있어 그에게 영향을 준 책들을 읽게 되고, 또 다른 책이 소개되면서 독서가 끊임없이 이어집니다. 그러면서 큰 덩어리를 보게 되는 것입니다. 이 방법도 굉장히 중요합니다. 뜨거운 메시지를 전한 A.W. 토저(Aiden Wilson Tozer), 찰스 스펄전(Charles Haddon Spurgeon), 종교개혁을 외친 마르틴 루터(Martin Luther) 등 시대를 관통하는 명저를 저술한 저자가 많습니다. 목회자는 책을 통해 기본적인 소양을 넓힐 필요가 있습니다.

이런 독서의 세계를 어떤 형태로든 계속 넓혀 나가야 하고, 독서 방식 등을 계발해야 합니다. 그리고 메모하는 습관을 들이는 것도 중요합니다. 개인적으로는 컴퓨터에도 메모를 하지만 언제든 들고 다니면서 쓸 수 있는 기기에 많이 합니다. 메모할 때는 분류가 너무 많아서 나만의 방식으로 정리하고 있습니다. 예를 들면 창세기 몇 장 몇 절은 어떤 책과 연결되어 있는지 메모해 놓습니다. 책과 관련한 기본적인 정보도 따로 정리해 놓습니다. 책이나 에세이를 쓸 때 메모해 놨던 것들을 꺼내 보면 여러모로 도움이 됩니다. 메모해 놓지 않으면 나중에 다 사라지고 맙니다. 정작 쓰려고 하면 어디에 있는지 알 길이 없습니다.

이런 것들은 결국 성실해야 할 수 있습니다. 기본적인 틀을 가지고 중요한 주제와 이슈를 성실하게 수집하는 겁니다. 두려움이나 외로움 등의 감정과 요즘 큰 관심을 끄는 소비, 중독, 페미니즘, 동성애, 미래에 관련된 것들은 설교의 중요한 주제가 됩니다. 어떤 형태로든 독서력을 강화해야 하는데, 그러기 위해선 독서 시간을 확보하는 것이 먼저입니다. 독서가 필요하다는 것을 알지만 행위까지 이어지기가 결코 쉽지 않습니다.

그리고 자신이 원하는 책을 마음껏 사 보기 위해선 재정이 따라주어야 합니다. 호주에서 목회를 시작할 때 리더십들에게 딱 두 가지만 확실히 해달라고 말했습니다. 하나는 마음껏 책을 사 보게 허락해 달라는 것이었습니다. 다른 하나는 배움을 위해 세미나에 참석하거나 바깥에 나가 언제든 보고 배우고 경험할 수 있도록 비행기를 타는 데 제한을 두지 말아 달라는 것이었습니다. 대양주 남반구 뚝 떨어진 곳에 고립되어 있으면 3년 뒤에 깡통이 될 거라고 하면서 깡통 목사의 설교를 듣고 싶냐고 했더니 감사하게도 이 두 가지를 모두 허락해 주었습니다. 그래서 책을 마음껏 사 볼 수 있었고 비서도 두게 되었습니다. 일찍부터 자료 정리를 체계적으로 꼼꼼하게 시작할 수 있었던 것은 저에겐 축복이었습니다.

설교는 설교자를 통해 생명력을 갖게 됩니다

설교자는 자신을 통해 말씀이 나오게 해야 합니다. 설교는 성경을 기계적으로 전달하는 것이 결코 아닙니다. 4차 산업혁명시대이니만큼 설교자를 대신한 AI 로봇 설교자가 나올 수도 있지 않겠습니까. 로봇에 명설교들을 입력해 놓으면 기가 막힌 조합을 통해 최고의 설교가 가장 적합한 음성으로 나온다면 어떨까요? 만약 염려라는 단어를 입력했을 때 전 세계의 염려와 관련된 최고의 명설교가 다니엘 헤니의 음성과 조합되어 나온다면 어떨까

어떻게 준비해야 하는가?

요? 이때 기계가 할 수 없는 것이 하나 있습니다. 설교자에게 핵심이 되는, 그 설교자만 가지고 있는 자기화된 설교는 할 수 없습니다. 바로 설교자만이 가지고 있는 생명력입니다.

설교자만이 가지고 있는 개별화된 독특한 경험은 복제될 수 없습니다. 설교자가 가진 자기만의 생명력은 그가 경험한 세계에서 나오는 것이기 때문입니다. 자기가 경험한 세계와 말씀이 아우러진 생명력은 그 누구도 대신할 수 없습니다. 쉽게 말하면 자신만이 할 수 있는 설교는 앞으로 목회자가 추구해야 바인데, 여기서 매우 중요한 요소가 바로 생명력입니다.

"오늘 들은 설교는 그분만이 할 수 있어!"

"우리 목사님의 설교에는 무엇인가가 있어! 뭔가 다른 것이 있어 좋아!"

이런 말을 들을 수 있어야 합니다. 달리 말하면 천편일률적이지 않은 그 목회자만의 독특함이 있어야 합니다. 자신만이 할 수 있는 설교, 이것이 중요합니다.

워렌 W. 위어스비는 유명한 설교자입니다. 그는 다른 사람이 카피할 수 없는 자신만의 스타일이 있어야 한다고 말합니다. 예를 들어 탕자의 비유는 설교에서 누구나 할 수 있지만 그 속에서 자신만이 할 수 있는 이야기가 필요하다는 겁니다. 이것이 설교의 독특성입니다.

같은 이야기라도 기계적 설교가 아니라 설교의 유기적 힘이 느껴지는 설교를 해야 합니다. 설교자 안에 버물린 본문과 그 사람의 인격을 비롯해 모든 과거 경험이 버무린 그 사람에게서만

나올 수 있는 독특함이 있어야 합니다. 동일한 본문 말씀임에도 설교자가 처한 상황과 영적 상태, 경험한 사건 그리고 지금 이 설교를 듣는 청중이 처한 상황에 조합이 일어나면서 전혀 다른 반응을 이끌어낼 수 있습니다. 이것이 설교의 묘미라고 할 수 있죠. 아무튼 이런 설교를 하기 위한 준비 과정을 만들어 가기 위해서는 자기만의 연구와 노력이 부단히 필요합니다.

본문에 답이 있습니다

새벽 설교는 시간이 짧아서 핵심 본문만 다루기에도 부족한데, 충분히 다루지 않고 다른 본문으로 넘어가는 설교자가 있습니다. 본문에 집중력이 없는 겁니다. 본문을 충분히 다루지 않고 빠져나와 자기가 하고 싶은 얘기를 하거나 본문과 별로 연결되지 않는 설교를 하기도 합니다. 본문이 충분히 다루어지면 청중은 무엇을 적용해야 할지 압니다. 적용은 본문을 충분히 다루고 나서 해야 하는데, 본문을 충분히 다루지 않고 적용으로 넘어가면 교인들의 입에서 "아멘"이 잘 나오지 않습니다. 하긴 해야 하는데 '뭐지, 이게 뭐지' 하게 됩니다.

원 저자가 말씀하고자 하는 바가 뭔지 알 때까지 본문을 충분히 읽고 해석해야 합니다. 이것이 핵심입니다. 텍스트 안으로 깊이 들어가지 않으면 본문이 무엇을 말하는지 얘기하기가 어렵습니다. 설교를 빨리 만들어 그것에 재미를 더해 성도들에게 은혜를 끼치려고 급히 서두르게 됩니다. 이런 설교는 본문과 동떨어져 있어 메시지에 힘이 없습니다. 성도들에게 가장 힘 있는 설교는 진리, 즉 말씀이 말씀 그대로 결이 드러나고 본래의 메시지가 정확히 드러나는 설교입니다. 그래서 강해 설교가 필요한데, 이 것 역시 몸에 배어야 할 습관입니다. 처음부터 성경을 가볍게 대하는 습관이 들면 성경에 시간을 투자하지 않습니다. 설교를 만드는 데 시간을 들이게 됩니다. 그러나 설교자는 설교를 만드는 것보다 본문을 이해하는 데 더 많은 시간을 들여야 합니다.

수박 겉핥기로는 수박의 맛을 알 수 없습니다. 이런 경우 뻔한 얘기를 늘어놓게 되고, 그러면 청중은 듣지 않습니다. 이것저것 대충 건드리다가 설교를 끝내게 됩니다. 본문에 집중하지 않으면 깊이 있는 설교가 불가능합니다. 탕자의 비유 하나만으로 설교집이 나옵니다. 마리아와 마르다 사건으로 책 한 권이 나오고, 물이 포도주가 되는 사건으로도 책 한 권이 나옵니다. 본문에 들어가면 한 구절 안에 무궁무진한 것이 담겨 있습니다. 설교자는 그걸 어떻게 풀어갈 것인지 계획이 서는 사람이어야 합니다. 그러기 위해서는 복음을 가지고 깊이 있게 책을 만들어 가는 능력, 본문에 대한 깊이 있는 이해, 집중력이 필요합니다.

설교 시간이 짧은 예배 때 본문에 승부를 걸지 않고 다른 부분으로 넘어가거나, 본문을 무시하고 소홀히 다루면 안 됩니다. 사실 본문 안에 있는 인물과 지명, 전후 문맥, 문단, 접속사 하나도 놓치지 말고 샅샅이 살피고 정리해서 이야기하려면 15분으로는 부족합니다. 본문만으로도 할 말이 너무 많습니다. 그러다 보니 설교 준비를 할 때는 충분한 시간을 들여 많은 내용을 줄이는 싸움을 해야 합니다. 무엇을 덜어낼 것인지의 싸움이지 뭘 할 것인지의 싸움이 아닙니다. 줄이고 농축시키는 작업이 필요합니다. 이때는 원문을 보고 연구하고 살피면서 설교를 정리해야 합니다.

그런데 본문에 깊이 들어가는 맛을 아는 설교자가 많지 않습니다. 대부분 해석을 충분히 하지 않고 자기 생각을 꺼내 놓습니다. 말씀 안으로 들어가 무르익지도 않았는데 "아멘"을 유도하기도 합니다. "아멘"은 회중이 해야 하는 것으로, 언제 해야 할지는 성도들이 압니다. "공명이 일어난다"는 말이 있는데, 이때 회중 가운데서 "아멘"이 절로 나옵니다. 말씀에 깊이 들어가면 숨이 막히고 긴장감이 돌고, 말씀이 말씀으로 선포되면 건드리기만 해도 "아, 그 말씀이 그 말씀이었구나!" "아, 그거구나!"라는 탄성이 톡톡 터져 나옵니다. 이것이 "아멘"의 반응입니다.

설교자는 설교 준비 과정에서 본문에 집중하고, 문맥을 면밀히 살펴야 합니다. 문맥을 파악하는 것이 중요합니다. 앞과 뒤가 자연스럽게 이어지지 않으면 메시지가 제대로 전달되지 못합니다. 기본적으로 큰 문맥과 작은 문맥을 이어주는 작업을 하고 단어 연구에도 신경을 써야 합니다. 이런 과정을 통해 본문의 핵심을 잡을 수 있습니다. 설교자는 성경이 무엇을 말하고 있는지, 전체적 뜻이 무엇인지, 반복되는 주제가 무엇인지 문맥 속에서 찾아내는 작업 등을 하면서 본문의 텍스트에 집중해야 합니다. 시간을 많이 들일수록 설교의 퀄리티가 높아집니다.

특히 주해하는 데 시간을 많이 들여야 합니다. 본문을 충실히 연구하고 들여다보는 것에 아무리 에너지를 쏟아도 늘 부족하다는 생각이 듭니다. 주해 작업이 끝난 뒤에 설교를 구성하는 작업

어떻게 준비해야 하는가?

에 들어가는데, 해석이 잘 되어 있으면 이 작업은 어렵지 않습니다. 이 과정이 제대로 안 되고 말씀이 말씀으로 다뤄지지 않으면 메시지의 힘이 떨어지고 감화력이 없어집니다. 말씀이 말씀으로 증거 될 때 비로소 변화가 일어납니다.

앞에서 언급한 월터 브루그만의 《텍스트가 설교하게 하라》는 설교자가 반드시 읽어야 할 책입니다. 본문에 집중력을 가지는 것에서 싸움의 승패가 결정됩니다. 부교역자들에게 종종 본문에 더 집중하라고 말합니다. '말씀은 그냥 이용하는 거지'라는 생각으로 말씀 깊이 들어가려는 노력을 하지 않는 사람이 있는데, 본문에 충실하고 주해만 해도 설교 준비의 절반 이상을 한 겁니다. 설득력 있게 전달되고 "목사님이 하나님의 말씀을 하시는구나"라며 집중해 듣게 하는 것은 본문에 시간을 얼마나 투자했느냐에 따라 결정됩니다. 그러므로 본문을 충분히 드러내는 데 가장 많은 시간을 할애해야 합니다.

젊은 설교자들에게 부탁하고 싶은 것이 있습니다. 텍스트 적용은 조금 늦게 가도 되고 기교 역시 나중에 부려도 됩니다. 본문을 충실히 다루고 본문의 메시지를 정확하게 드러내기 위한 싸움에 몰두하면 나중에 그 진가가 발휘됩니다. 지금 이런 작업을 하지 않고 그냥 설교를 만들어내고 재밌고 괜찮은 설교를 하는 데 집중한다면 갈수록 힘들어지고 설교의 자료를 쌓을 수 없습니다. 본문에 대한 집중력만 가져도 설교에 대한 어려움이 줄어들 것입니다. 본문에 얼마나 미쳐 있느냐, 설교자가 하나님의 말씀을 하고 있느냐는 청중이 압니다. 그러므로 무슨 일이 있어도 텍스트를 놓치지 말아야 합니다.

목회자가 자신이 하고 싶은 얘기를 하려고 하는지, 하나님의 말씀을 전하려고 하는지에 대한 확신이 들게 하려면 결국 텍스트의 싸움입니다. 본문에 대한 집중력을 키우는 것보다 더 중요한 일이 없다는 사실을 명심하고 자신이 말하고 싶은 것에 대한 유혹을 이겨내야 합니다. 자신이 하고 싶은 얘기가 많다고 해도 이것을 참아내야 합니다. 본문 안에서 승부를 거는 것, 본문에서 저자의 의도가 드러날 때까지는 이것이 참 힘듭니다.

앞서 시간에 쫓겨 설교를 빨리 만들어내야 하는 경우 텍스트 앞에 앉아 있을 수가 없다고 말했습니다. 그러나 이 작업을 놓쳐선 안 됩니다. 설교집이 위험한 것은 일단 보기 시작하면 평생 거기서 헤매게 되기 때문입니다. 남의 설교집을 가지고 짜깁기하는 설교가 평생 가는 겁니다. 그러면 힘들어집니다. 제대로 된 설교를 하고 싶다면 서재에 있는 설교집을 불태워야 합니다. 사역 초기에는 작은 도움을 받을 수 있지만 그것에 의존하는 설교를 하면 자신이 창작하는 설교를 잃어버리게 됩니다.

요즘 설교 카피가 계속 문제가 되어 사람들의 입에 오르내리고 있습니다. 문제가 되는데 왜 그걸 합니까? 그 시간에 본문과 싸움하며 하나님 말씀 앞에 서십시오. 미련할 정도로 본문 앞에 앉아 있는 훈련과 싸움을 포기해선 안 됩니다. 설교자는 결코 이 싸움을 포기해선 안 됩니다.

어떻게 준비해야 하는가?

Chapter 2.

설교의
언어적 요소

설교 준비에서 원고를 작성하는 일은 매우 중요합니다. 반드시 풀 스크립트를 작성해야 합니다. 이때 설교자로서의 성실성이 중요합니다. 설교 원고를 작성했다고 해서 끝이 아닙니다. 전체 원고를 작성한 후에도 구성과 배열에 대한 것을 계속 다듬어 나가야 합니다. 원고를 다듬는 작업은 중요합니다. 원고를 작성하지 않으면 평소 자신이 사용하는 익숙한 언어에 갇히게 됩니다.

원고를 보고 설교하느냐 보지 않고 하느냐는 중요하지 않습니다. 중요한 것은 설교의 내용입니다. 내용이 좋으면 전달 방법은 그리 중요하지 않습니다. 핵심은 내용이고 그다음이 준비한 내용을 가능한 자연스럽게 표현하는 것입니다. 원고를 보고 하더라도 자연스럽게 할 수 있으면 됩니다. 원고 없이 하는데 내용이 빈약하면 청중은 금방 지루함을 느낍니다. 원고가 없으면 장기적 목회를 할 때 반복되는 설교를 하게 됩니다.

설교자에게 글쓰기 훈련이 필요합니다

내용으로 승부를 걸기 위해선 설교 원고 작성을 성실하게 해야 합니다. 설교 원고를 작성하다 보면 문장력을 키울 수 있습니다. 문장에 힘이 있으려면 언어 선택을 신중하게 해야 합니다. 표현에 따라, 배열에 따라 의미가 달라질 수 있고 강조하는 바가 달라지기 때문입니다. 작성한 원고를 구어체로 바꾸는 작업을 해야 하는데, 사실 완벽하게 바꾸기란 어렵습니다. 작성한 설교 원고를 반복적으로 음독하다 보면 긴 시간이 필요합니다. 이때 문법적으로 틀린 데가 없는지, 내용이 논리적인지도 함께 살펴보아야 합니다. 반복되는 불필요한 관용어를 정리하는 등 계속 다듬어줘야 합니다. 그래서 설교에 글쓰기가 포함되어 있는 것입니다.

목회자는 글쓰기 훈련이 되어 있어야 합니다. 개인적으로 오랫동안 글쓰기 훈련을 했습니다. 글을 잘 쓰려면 좋은 글을 많이 읽어야 합니다. 좋은 글을 읽으려면 좋은 글을 볼 줄 알아야 합니다. 그 눈이 열려 있어야 합니다. 그림을 보는 눈이 없으면 "그림은 그냥 그림이지"라고 말합니다. 모든 사람이 다 그림을 볼 수 있지 않듯, 다 글을 볼 수 있는 게 아닙니다. 설교자는 잘 쓴 글을 볼 줄 알아야 합니다. 날고 기는 글쟁이가 많은데, 그들이 쓴 글을 읽다 보면 절로 탄복하게 됩니다. 그런 글을 읽고 또 읽어 자신의 혀에 익숙하도록 만들어야 합니다. 그러면 그 과정에서 의식이 바뀝니다. 우리 안에서 융합이 일어납니다. 어느 날 자신도 모르는 새 글을 쓸 때 그런 표현이 나옵니다.

글쓰기 훈련을 하면 연금술사처럼 언어의 제련, 언어의 숙성, 언어의 마법 등을 배우고 깨닫게 됩니다. 설교 시간에 제한이 있을 때, 혹은 짧은 시간에 설교를 해야 한다면 언어를 함축시켜야 합니다. 설교자는 짧은 시간 안에 말하고자 하는 내용을 간결하게 표현할 수 있어야 합니다. 그렇다고 해서 너무 문학적인 표현을 사용한다면 청중과의 거리가 멀어질 수도 있습니다. 너무 수사적인 표현을 사용하려고 하기보다 일상에서 친근하게 사용하는 문장이지만 새로운 의미로 다가오도록 표현해 내는 방법을 찾는 것이 좋습니다.

정성껏 작성한 설교 원고를 자연스럽게 전달하는 톤도 중요합니다

설교는 언어를 통해 전달되므로 설교자는 언어에 대해서도 연구해야 합니다. 설교 원고를 작성할 때는 자연스럽게 읽히는지 계속해서 살펴봐야 합니다. 설교가 자연스러운가 하는 것은 집중력과도 연관이 있습니다. 설교 내용이 산만해 집중력을 떨어뜨리지는 않는지 음독해 봐야 합니다. 최고의 언어로 간결하고 선명하게 전달할 수 있는지, 자연스럽게 할 수 있는지 등이 그것입니다.

설교에 불필요한 사족을 다는 설교자가 많습니다. 예를 들어 간단하게 "~입니다"라고 하면 되는데 "~라는 것입니다", "~라고 합니다" 처럼 말합니다. 힘들겠지만 설교를 끝마치고 나서 자신이 한 설교를 다시 들어봐야 합니다. '설교할 때 왜 이 말을 반복하지?'라는 생각이 드는 말이 많을 것입니다. 습관적으로 반복하는 겁니다. "우리에게 말씀하고 있습니다", "의미하고 있다고 합니다", "보여 주고 있습니다" 등 설교자 자신이 빠진 채 제3자가 그것을 인용하는 것 같은 말을 습관적으로 하기도 합니다. 말씀을 허공으로 날려버리는, 말씀의 약화를 가져오는 반복되는 관용어를 과감히 빼야 합니다.

설교는 말로 전달하는 것이기 때문에 말하는 톤에 대한 연구도 필요합니다. 먼저 자신의 언어 스타일이 어떤지 확인합니다. '만연체'를 사용한 설교는 듣는 사람을 지루하게 만듭니다. '논설형'의 설교는 내용은 잘 짜여 있지만 듣는 사람의 입장에서 건조하다고 느낄 수 있습니다. 어떤 사람은 말을 잘하는데, 뭔가 진중함이 없는 화려체를 사용하기도 합니다.

요즘 성도들은 웅변적 설교를 별로 좋아하지 않습니다. 일반적으로 부드럽고 자연스럽게 말하는 것을 좋아합니다. 이때는 설교 톤이 중요합니다. 설교에서 단순하고 밋밋한 소리가 아니라 사람들의 영혼을 파고들어 가는 소리가 있습니다. 고통의 문제를 다루는 데 건조하면 안 됩니다. 소리가 마음을 울려야 하는데 너무 단조로운 톤으로 가는 경우가 많습니다. 이런 부분에 대해 생각해 봐야 합니다. 어떤 경우 설교가 청중을 향해 밀고 들어가지 못하고 자기 혼자 웅얼거리며 안으로 들어갑니다. 이때는 사람에게 울림을 주는, 소리가 공명이 되는 훈련을 해야 합니다. 맑게 울리면서 친화적이고 온화한 소리를 연구해 볼 필요가 있습니다.

"목소리 자체가 듣기 싫어", "어떤 소리는 참 듣기 좋아", "내용 이전에 어떤 소리는 여기까지 오고 끝나버려"라고 말하는 사람이 있는가 하면 "어떤 말이 쑥 들어오는 거야"라고 말하는 사람도 있습니다. 밀고 들어가는 소리가 다르다는 겁니다. 어떤 사람은 공명이 되고, 어떤 사람은 자연스럽고, 어떤 사람은 딱딱하고…. 이런 부분에 대해 자신의 톤을 객관적으로 살펴보고 고민할 수 있는 시간이 필요합니다.

새벽에는 묵상적 설교를 하는 것이 효과적입니다

집회의 성격에 따라 설교 준비를 어떻게 해야 할지 살펴보겠습니다. 먼저 새벽 설교입니다. 새벽 설교의 특징은 너무 복잡한 전개를 하지 말아야 한다는 겁니다. 잠에서 깨어난 지 얼마 안 되어 뇌가 활성화되지 않은 상태이기 때문에 간단하고 명료한 내용

전개가 필요합니다. 새벽에는 말을 장황하게 늘어놓거나 지적 궤변을 늘어놓아서도 안 됩니다. 예를 들면 아침식사로 스테이크처럼 잘 차려진 음식보다 샐러드나 가볍게 먹을 수 있는 부드럽고 따뜻한 빵을 선호하는 것과 같은 이치입니다.

새벽에 나오는 성도들은 매일 나오기 때문에 모든 것을 다 꺼내 놓을 필요가 없습니다. 주어진 본문의 핵심을 좁히고 좁혀 딱 하나 깔끔하게 쟁반에 올려놓겠다는 마음으로 설교하면 됩니다. 너무 많은 것을 꺼내 놓은 채 거창한 설교를 하려고 해선 안 됩니다. 간단하게 말씀을 묵상하고 기도 제목을 하나둘 정도 붙들어야 합니다. 새벽 설교에 대해 이야기하는 것 중 하나는 묵상적 설교를 해야 한다는 겁니다.

우리 교회에서는《매일성경》을 나눠주고 그 본문을 가지고 큐티를 하는데, 이 큐티 책을 가지고 나오는 성도들이 설교를 먼저 들으면 묵상이 안 됩니다. 그러므로 묵상과 설교를 구분해야 합니다. 묵상은 자기 스스로 밥을 먹는 겁니다. 그래서 묵상하는 사람은 스스로 하나님의 말씀을 섭취하는 훈련을 합니다. 목회자는 성도가 스스로 말씀을 묵상하도록 도와주어야 하는데, 설교를 듣게 되면 모든 묵상이 사라집니다.

이때는 성도들이 일상에서 큐티를 할 수 있도록 도와주어야 합니다. 개인적 묵상을 하는 것과 새벽기도가 충돌이 일어나지 않게 하기 위해 접촉점을 찾되 묵상을 도와주는 설교를 해야 합니다. 설교가 묵상의 불을 지펴주고 성령이 각 사람 가운데 말씀의 빛을 비추어 그 말씀 안으로 들어가도록 도와주어야 합니다.

어떻게 준비해야 하는가?

설교에 모든 것을 담으려고 하지 말고 개인이 묵상할 수 있는 주제를 살짝 건드려 주기만 해도 교인들은 큰 은혜를 받습니다. 성령이 각 사람에게 비추어 주시도록 옆에서 보조적 역할만 해주면 됩니다. 이것을 잘하면 한국 교회의 새로운 기원을 쓸 수도 있습니다. 묵상하는 목회자는 새로운 패러다임을 제시할 수 있습니다. 본문을 통해 모든 것을 설교하면 묵상은 더 이상 일어나지 않습니다. 묵상하기 전에 설교를 먼저 들으면 그것에 의존하게 되기 때문입니다.

묵상 설교는 어떻게 해야 할까요? 예를 들어 큐티 본문이 마가복음 10장 32-52절이라고 가정합시다. 이 경우 본문이 길어서 새벽에 전부 다루기가 어렵습니다. 개인적으로는 이런 경우 42-45절 말씀을 중심으로 묵상적 설교를 집중해 나눕니다.

묵상적 설교의 첫 단추는 바로 질문입니다. 무엇보다 중요한 부분으로, 이때는 "42절을 눈으로 직접 읽어 보십시오. 이방인의 집권자들이 어떻게 하고 있습니까?" 하며 성경 본문에 대해 질문합니다. 이때 청중은 설교자가 답을 말해 주지 않아도 이미 답을 알고 있습니다.

"우리가 자주 보는 모습입니다. 힘을 가진 자들이 어떤 유혹을 느끼는 것 같습니다. 세상 사람들에게 힘은 매력적입니다. 이 유혹에 빠진 자들은 자기 마음대로 세상을 통제하고 싶어 합니다. 그럼 그와 관련된 '주관하고 권세를 부리다'라는 동사를 살펴볼까요?" 하는 식의 심화된 질문은 본문을 더 깊이 살펴보게 합니다. 그리고 동사 등을 풀어주면서 본문 말씀에 더 깊이 들어가 묵상하게 합니다. 이 본문은 세상의 갈등과 다툼이 벌어지는 이유를 보여줍니다. 바로 권력 투쟁인데, 이는 지극히 현실적인 이슈입니다. 본문 내용을 보면 제자들의 가치관에서도 이런 사실을 확인할 수 있습니다. 여기서 다시 한 번 "제자들의 가치관이 어디에 더 가까워 보입니까? 46절을 보면 답을 찾을 수 있습니다" 하고 질문을 던집니다.

명확한 답이 나올 수 있는 질문이었다면 스스로 생각할 수 있는 질문을 던지는 것도 좋습니다. "제자들의 마음 한가운데 무엇이 있는 것 같습니까? 여러분은 어떻습니까?" 하는 식의 질문을 통해 성도들이 계속 생각하게 하되, 이때는 너무 빨리 지나가지 않게 완급 조절을 합니다. 질문에 대한 답이 저마다 다를 수 있지만 괜찮습니다. 성도들이 말씀에 대해 생각하고, 그것을 삶과 연결하는 것이 중요하기 때문입니다.

여기서 다른 설교와 묵상 설교의 차이를 알 수 있습니다. 묵상 설교는 성도가 스스로 답을 찾게 유도함으로써 본문에 푹 젖어들도록 만들어 줍니다. 이런 식으로 질문하고 시간적 여유를 두면 청중은 자신의 내면에서 답을 찾아가며 그 말씀을 자기에게 직접 적용해 보는 놀라운 일이 벌어집니다.

그래서 묵상을 도와주는 설교 혹은 설교자 자신의 묵상을 나누는 형태의 설교를 할 필요가 있습니다. 설교자가 본문에 대한 묵상을 다루되 성도들이 묵상할 여지를 남겨두고, 말씀을 끌어나가면서 묵상을 도와주는 메시지를 전할 때 성도들의 말씀 보는 눈이 열립니다. 특히 이 방법은 새벽기도에 효과적입니다.

어떻게 준비해야 하는가?

새벽은 이른 시간이다 보니 좀 차분하고 자연스러운 음성으로 말씀을 전달하는 것이 좋습니다. 목소리 톤도 저녁이나 오전에 설교할 때와 달라야 합니다. 일정한 톤이나 큰 소리, 들뜬 음성은 귀에 거슬립니다. 어떤 설교자는 잠을 확 깨게 하려고 큰 소리로 말하기도 하는데 그러면 안 됩니다. 새벽에는 너무 많은 양을 전달하려는 마음을 내려놓아야 합니다. 주고 싶은 것이 너무 많으면 마음이 급해져 말도 빨라지는데, 자칫하면 성도들은 말씀 소화를 못하게 될 수 있습니다.

철야 집회에는 영혼의 갈증을 채우는 설교를 준비해야 합니다

이번에는 철야기도 설교를 어떻게 준비해야 하는지 살펴보겠습니다. 목회를 하고자 하면 알고 있어야 하는 기본적인 것인데, 집회에 따라 대상이 다릅니다. 이 사실은 매우 중요합니다. 대상에 대한 이해력이 필요하기 때문입니다. '어떤 내용을 전달할 것인가' 하는 것도 중요하지만 '누구에게 전할 것인가'가 고려되지 않으면 설교는 빗나간 화살이 되고 맙니다.

먼저 어떤 교인이 철야에 나오는지를 분석해야 합니다. 청중을 정확하게 분석하고 이해하면 설교의 테마를 대략적으로 잡을 수 있습니다. 이것을 목회의 센서, 영적인 촉이라고 말합니다. 사실 철야는 영적 갈증이 있는 성도, 어려운 문제로 힘든 가운데 있는 성도가 참석합니다. 또 기도가 몸에 밴, 어느 정도 헌신된, 신앙의 연조가 있는 성도가 나옵니다. 이들은 전체적으로 영적 열기가 뜨겁고 은혜 받을 준비가 되어 있습니다. 그럼에도 현실의 삶에 지쳐 힘을 얻고 소망을 얻고 위로를 받고 자신의 삶에 무엇인가 답을 찾고자 하는 마음으로 예배의 자리에 나옵니다.

이때는 믿음을 북돋아주고 용기와 소망을 갖고 담대하도록, 기쁨과 성령 충만으로 결단하게 하고 비전을 성취하도록 해야 합니다. 말씀으로 가슴이 뜨거워지게 해서 기도가 불 일듯 일어나게 하는 촉매 역할을 해야 합니다. 철야는 새벽과 다릅니다. 말씀과 기도의 융합에서 가공할 만한 영적 열기를 치솟게 만들어야 합니다.

수요기도도 마찬가지입니다. 수요기도는 헌신자나 일꾼이 많이 참석합니다. 오랜 기간 신앙생활을 한 성도가 대부분입니다. 이때는 책 한 권을 선택해 성경 공부에 가까운 설교를 하는 게 좋습니다. 깊이 있는 말씀 강해가 필요합니다. 이 시간을 일꾼 훈련의 장으로 활용할 수도 있습니다.

이처럼 집회의 성격에 따라 다양하게 접근하는 것은 목회적으로 매우 중요합니다. 제한된 시간에 성도들에게 다양한 방법을 통해 접근하여 하나님의 말씀으로 성도들을 양육하고 훈련시키고 일꾼으로 세워 나가는 데 도움을 주기 때문입니다.

단독 목회를 할 때는 설교의 강약을 조절하면서 어디에 가장 많은 힘을 쏟고, 그다음 어디에 힘을 쏟을지 잘 분배하지 않으면 모든 것을 잘하려고 하다가 오히려 아무것도 못 하는 부도를 맞을 수 있으니 명심하기 바랍니다.

어떻게 준비해야 하는가?

Chapter 3.

설교에도
기술이 필요하다

설교하고 있는 상황, 설교하는 시간과 공간에 따라 음성을 조절해야 합니다. 설교자는 마이크를 대하는 사람이기에 음향에 민감해야 합니다. 마이크는 상황에 따라 조절이 가능합니다. 새벽 시간에 하이톤이나 지나치게 큰 소리로 말하거나 적은 수의 사람이 모였음에도 웅변적으로 말하는 것은 삼가야 합니다. 목회는 설교자의 센스가 필요합니다.

자연스러워야 합니다

앞서 이야기했지만 가장 좋은 것은 자연스러움입니다. 강단 위에만 올라가면 전혀 다른 스타일로 바뀌는 목회자가 있습니다. 목소리가 완전히 달라지기도 합니다. 억지로 자기 음색을 바꾸려고 하지 말고, 근엄하게 말하려고 애쓰지도 말고 평소 하던 대로 그냥 자연스럽게 하면 됩니다. 자기 목소리를 내라는 겁니다. 유명한 설교자의 흉내를 낼 필요도 없습니다. 너무 들뜨거나 반대로 너무 단조로운 톤도 지양해야 합니다.

상황에 따라 톤과 스피드를 조절하는 완급 조절이 필요합니다. 똑같은 문장이라도 완급 조절에 따라 전혀 다르게 들릴 수 있습니다. 설교의 톤도 중요하지만 스피드, 음색도 중요합니다. 매력적으로 다듬어 듣기 좋은 음성이 되도록 훈련할 필요가 있습니다. 그리고 머뭇거리는 말투보다 분명하게 확신에 찬 목소리로 말해야 합니다. 말하는 속도도 너무 빠르거나 느리지 않게 주의를 기울여야 합니다. 중요한 내용은 조금 느리게 말하고, 대부분 잘 아는 내용을 언급할 때는 좀 빠르게 말합니다. 청년을 대상으

어떻게 준비해야 하는가?

로 설교할 때는 너무 느리게 말하면 지루할 테니 톡톡 빠르게 하고, 장년이나 노년을 대상으로 설교할 때는 속도를 느리게 조절해 줘야 합니다. 그리고 설교할 때 리듬을 타야 합니다. 강약 없이 똑같은 톤으로 설교하면 사람들을 잠재울 수 있습니다.

설교자가 시선을 어디에 둘 것인지도 중요합니다. 초점이 산만하거나 시선이 불안정해서는 안 됩니다. 자연스러워야 합니다. 설교자는 청중을 향해 시선을 두되 자연스럽게 좌우로, 앞뒤로 두루 움직여야 합니다. 이때는 너무 빠르지 않게 가끔 한 곳에 멈추기도 하면서 자연스럽게 시선 처리를 합니다.

자연스러운 동작은 비언어적 측면에서 설교를 듣는 청중에게 도움이 됩니다. 설교자 찰스 스펄전은 자신에게 어울리는 제스처를 많이 사용하여 청중이 설교에 집중하는 데 도움을 주었습니다. 몸의 사용은 전달의 효과를 높여주기도 합니다. 목석처럼 가만 서서 입만 움직인다면 요즘 같은 비주얼 시대에 약점이 될 수 있습니다. 그러나 강단에서 지나친 손동작은 청중의 시선을 산만하게 만들기도 합니다.

개인적으로 제스처를 많이 사용하는 것을 권장하고 싶지는 않습니다. 중요한 내용을 전할 때 과하지 않는 선에서 주먹을 살짝 쥐거나 양손을 사용할 수도 있다고 생각합니다. 그러나 무엇보다 중요한 것은 설교의 내용입니다. 조나단 에드워즈는 촛불 아래서 어눌하게 읽어 내려갔음에도 청중이 뒤집어졌습니다. 성령의 역사가 있었기 때문입니다.

논리적이어야 합니다

변증이 중요한 시대가 되었습니다. 오늘날을 가리켜 무신론적 시대, 탈종교화 시대라고 말합니다. 샘 해리스(Sam Harris)의 《종교의 종말》, 리처드 도킨스(Richard Dawkins)의 《만들어진 신》과 《이기적 유전자》, 크리스토퍼 히친스(Christopher Eric Hitchens)의 《신은 위대하지 않다》 등을 보면 종교를 비판하고 있습니다. 리처드 도킨스는 '신 바이러스'라는 단어를 많이 쓰는데, "종교는 일종의 정신 바이러스"라고 말합니다. 이것을 보면 사람들의 삶을 파괴하고 무기력하게 만드는 광신적인 신자뿐 아니라 광신적인 무신론자의 활동이 거세졌다는 알 수 있습니다. 기독교뿐 아니고 종교 자체에 대한 저항이 심각해지고, 종교에 대한 혐오가 거세지고 있습니다.

코로나19로 인해 기독교에 대한 혐오가 더욱 커졌습니다. 종교의 순기능보다 역기능이 더 부각되고 있는 실정입니다. 그러다 보니 믿음이 약한 사람들이 교회로부터 점점 더 멀어지거나, 불신자들 사이에서 종교에 호의적이지 않는 문화가 대세를 이루고 있습니다.

이런 시대에 왜 변증이 필요합니까? 설교에서 변증적 기능이 중요해졌다는 말은 어떤 변호와 방어를 하기 위한 목적이라기보다는 기독교의 진리를 보다 더 명료하게 증거해야 할 책임이 목회자에게 있다는 뜻입니다. 물론 변증적 설교는 비그리스도인을 위해서도 필요하겠지만 이미 교회 안에 있는 성도들이 복음에 대한 명료성을 가지도록, 진리를 애매모호하게 전하지 않고 분명하

어떻게 준비해야 하는가?

면서도 담대하게 선포해야 합니다. 우물쭈물하거나 정리되지 않은 파편적이고 산만한 것을 전해서는 안 됩니다.

변증적 설교는 목회자에게도 필요합니다. 목회자들이 말씀을 선포할 때 세속화되고 반기독교적인 세계 가운데서 성령이 의심을 뚫고 침투해 들어가실 수 있다는 진리의 확신을 전제로 목회자 스스로 진리에 대해 명확하게 정리되어 있어야 한다는 뜻입니다.

이런 면에서 목회자들은 논리성을 생각해 볼 필요가 있습니다. 논리가 부족하면 설득력이 떨어집니다. 설교를 일종의 설득이라고 가정할 때 논리를 뒷받침할 수 있어야 합니다. 사람들은 논리적으로 전개될 때 그 말에 동의합니다. 반면 일반적인 논리학적 관점에서 비약적으로 전개되는 것을 힘들어합니다. 가끔 설교를 듣다가 '갑자기 왜 저런 이야기가 튀어 나오지?'라는 생각이 들면 말씀을 이해하기가 어렵습니다. 말씀에도 분명한 전개가 필요합니다.

사람들은 합리성에 길들여 있어 합리적이지 않으면 거부 반응을 보입니다. 말씀을 전개해 가는 과정이 말이 되어야 한다는 이야기입니다. 말이 된다는 것은 사람들을 이해시킬 수 있다는 뜻입니다. 이해시키려고 하면 일단 설명해야 합니다. 그 설명을 보편타당하게 여기도록 만들어야지 무조건 머리에 집어넣으려고 해서는 안 됩니다. 그런데 한국 교회 안에는 반지성주의 흐름과 감성적인 접근이 꽤 많이 있었습니다. "묻지 말고 믿으라", "뜨거우면 다 은혜롭다"라는 생각이 대세를 이루었습니다. 믿음으로 나아가는 그 과정이 무시되는 측면이 많았습니다.

하나님은 우리 인간의 이성을 허락하고 이성을 사용하십니다. 물론 성경은 이성을 초월하는 것이지만 그렇다고 해서 인간의 이성을 무시해선 안 됩니다. 목회자는 이성을 사용해 진리를 수용하는 단계로 나아가도록 훈련되고 무장되어야 합니다. 특히 오늘날처럼 무신론적 문화가 강해지는 이때 논리를 갖추지 않으면 더 힘들어질 수밖에 없습니다. 이런 관점에서 설교자는 독서가여야 합니다. 만만하지 않은 대중을 상대하려면 설교자로서 할 수 있는 만반의 준비를 해야 합니다. 요즘 인문학에 대한 이야기를 많이 하는데, 이것에 관심을 가져야 하는 이유는 문학 자체가 목적이 아니라 신학을 더 명확하게 이해하는 데 어느 정도 도움이 되기 때문입니다.

시대적 이슈를 명확하게 정리할 수 있어야 합니다

세상과의 괴리감이 커질수록 청중에게 다가가는 설교가 어려워집니다. 회중은 다양한 질문을 가지고 있습니다. 그러므로 그 질문에 대해 어떻게 믿음을 바탕으로 한 지적 설득력으로 무장한 채 바른 대답을 할 수 있는지 고민해야 합니다. 현대인은 이성의 힘을 믿고 살지만 이 타락한 세상에서 인간의 이성마저도 정상은 아닙니다. 인간의 이성은 한계를 가지고 있고 타락해 있습니다. 그래서 세상적 기준으로는 십자가가 미련해 보여도 목회자는 구원을 주신 하나님의 능력을 믿고 설교해야 합니다.

이런 변증적 설교를 C.S. 루이스가 쓴 책에서 볼 수 있습니다.

어떻게 준비해야 하는가?

존 파이퍼(John Piper)의 설교를 보면 오늘날의 많은 절대적 이슈와 질문에 답하고 있습니다. 팀 켈러도 마찬가지입니다. 팀 켈러는 C.S. 루이스의 영향을 많이 받았는데, 특히 탄탄한 설교 구조에서 그렇습니다. 그리고 존 스토트(John Stott)의 책은 모든 진리를 일목요연하게 정리해 놓았습니다. 목사는 아니지만 오스 기니스(Os Guinness)의 책은 변증학적 관점에서 시대적 주류를 정확하게 간파하고 목회자가 어떻게 접근해야 하는지 여러모로 도움을 줍니다. 우리 시대에 세속적 문화와 복음주의 교회의 현실을 진단한 데이비드 웰스는 시대적 이슈들을 신학적으로 명료하게 잘 다루고 있습니다. 이들이 쓴 책을 읽고 나름의 차이들을 이해한 뒤 자기 안에 일목요연하게 정리해 놓으면 시대의 흐름을 읽고 설교하는 데 도움을 받을 수 있습니다.

청중에 대한 이해가 있어야 합니다

설득과 변증은 불가분리의 관계입니다. 이 무신론적 시대에 목회자로서 지성적인 대중에게 어떻게 다가갈 것인지 고민해야 합니다. 이들을 방치해선 안 됩니다. 그렇다면 어떻게 접근해야 좋을까요?

지적 호기심을 채워줄 뿐 아니라 지성적으로 접근해 저항의 문화를 가지고 있는 사람들을 복음으로 무릎 꿇게 만드는 탄탄한 조직력을 가진 설교자들이 있습니다. 존 파이퍼, 팀 켈러 같은 사람들이 있어 미국 젊은이들은 여전히 회심하고 있으며, 큰 집회에 많은 젊은이가 모이기를 힘쓰고 있습니다.

이들이 현대적 이슈에 친근하게 다가가는 모습을 보면 인간적으로 부럽다는 생각이 듭니다. 한국 교회의 목회자들도 닮아 가기 위해 노력해야 하는데, 하루아침에 되는 일은 아니라고 생각합니다. 그렇다고 목회자로서 지적 접근에만 몰두해서는 안 됩니다. 자칫하면 지적 설교가 지적 자랑의 장이 될 수도 있습니다. 여기서의 논지는 오늘날의 청중을 충분히 이해하는 설교자가 되어야 한다는 겁니다.

많은 목회자가 청중과의 괴리감을 갖고 있습니다. 오늘날 한국 교회를 이끄는 설교자의 딜레마라고 말할 수도 있을 것입니다. 심장의 중심을 치는 설교가 아니라 뭔가 빗나간 화살처럼 허공을 치는 설교를 하고 있습니다. 그러다 보니 공허하다는 생각이 듭니다. 그래서 공감하게 만들라고 말하는 것입니다. 공감을 이끌어내야 합니다. 그들이 가진 질문에 다가가고 그들의 질문을 어떻게 하나님의 말씀으로 설득해 나갈 것인지를 고민해야 합니다. 이를 이루기 위해 목회자는 청중에 대한 이해력을 갖춰야 합니다.

오늘날 사람들은 동성애자와 관련된 것이든 정치적인 이슈든 많은 부분에서 이분법적 논리에 함몰되어 있습니다. 이슈화시킬 만큼 과열되어 있는 부분이 많습니다. 그러다 보니 성급하게 결론을 향해 달려가려고 합니다. 결론을 너무 빨리 이끌어내는 성급한 선악의 구분, 흑백 논리, 성속의 구분이 논리적 전개 없이 이루어지고 있습니다. 그냥 속단하고 예단해버림으로써 공감하고 이해하려는 태도보다 "그건 죄야. 악이야"라고 쉽게 정죄하는

어떻게 준비해야 하는가?

모습을 볼 수 있습니다. 이런 경우 공백을 메우기가 어려워지고, 청중과도 더 멀어지게 됩니다. 지금 많은 목회자가 너무 단순한 논리로 접근하고 있는데, 현실적 상황을 이해하려는 노력을 기울여야 합니다.

삶은 간단하지 않습니다. 굉장히 복잡합니다. 오늘날 이혼 가정의 문제라던가 성차별 문제 등 사회적인 이슈는 다루기 쉽지 않은 주제입니다. 단순하지 않은 것을 단순하게 만들어 한방에 찍어버리면 대화하기 불가능한 상태가 되고 맙니다. 현재 상황에 대해 충분한 이해가 선행되어야 합니다. 무조건 믿으라고 윽박지르면 안 됩니다. 청중에 대한 이해심을 가지고 사려 깊은 설교를 통해 죄인을 구원의 길로 이끌어내고자 하는 애정 어린 욕심이 필요한 시대입니다.

Part 5

듣는 설교를 하는 사람인가?

설교자와 청중

Chapter 1.

어떤 설교자입니까?

주일이면 성도들이 설교를 듣기 위해 교회에 나오는데, 교회에 오는 차 안에서 이미 다른 설교자의 설교를 먼저 듣고 온다는 것을 알고 있습니까? 그런 경우 교회에 와서 설교를 듣는 순간 먼저 들었던 설교와 비교할 수 있습니다.

성도들은 설교를 한 번만 듣지 않습니다. 개인적으로 좋아하고 자주 듣는 설교자가 몇 명씩 있습니다. 그 안에 담임목사가 포함되면 정말 감사한 일이지만, 거기서 제외되면 보통 심각한 일이 아닙니다. 그런 점에서 오늘날 대부분의 성도는 자신이 출석하는 교회의 설교에 대한 기대치가 그리 높지 않습니다. 예배는 교회에서 드리되, 다른 채널을 통해 좋은 설교를 들으면 된다고 생각하는 것입니다.

설교자는 예배를 드리고 나서 설교를 듣는 회중의 태도가 어떠했는지 자세히 분석해 보는 시간을 가져야 합니다. 설교할 때는 회중의 태도를 잘 관찰할 수 없습니다. 요즘은 방송 시설이 발달해 예배가 끝난 뒤에도 예배 영상을 볼 수 있으니 어떤 태도로 설교를 듣는지 성도들의 얼굴을 모니터링해 보기를 바랍니다. 멍한 표정으로 앉아 있는지, 진지하게 들으면서 은혜 받았는지···. 설교자는 자신의 설교가 회중에게 유효했는지를 꼭 확인해 봐야 합니다. 만약 청중에게 닿지 않는 설교에 혼자 열과 성을 다한 것이라면 일주일 내내 헛고생만 한 셈입니다. 성도들에게 아무런 영향력도 발휘할 수 없기 때문입니다.

듣는 설교를 하는 사람인가?

공회전만 하는 설교를 하고 있지는 않습니까?

목회는 설교가 큰 비중을 차지합니다. 설교가 청중의 귀에 들리지 않으면 목회는 공회전만 하고 있는 겁니다. 설교를 통해 아무런 변화가 일어나지 않으면 교회는 점점 어려워집니다. 가끔 어려움에 처한 교회의 소식을 듣곤 합니다. 이야기를 들어 보면 문제는 하나로 귀결됩니다. 한 마디로 교인들의 입장에서 은혜가 고프다는 겁니다. 이는 말씀에 은혜가 없다는 뜻입니다. 목회자가 주일마다 만나는 교인에게 하나님의 말씀을 은혜롭게 전달하지 못해서 그들의 영혼이 만족을 얻지 못하니까 배가 고프다고 울기 시작하는 겁니다. 배가 고프니까 짜증을 내기도 하고 이런저런 뒷얘기가 나오는 것입니다.

따라서 목회자는 교인들이 자신의 설교를 잘 듣고 받아들이는지를 스스로 점검해 봐야 합니다. 한 가지 명심할 점은 교인들이 과거보다 더 지성으로 무장되어 있다는 사실입니다. 평생 설교를 들으며 잔뼈가 굵은 사람들입니다. 수십 년 교회에 다니면 웬만한 설교 내용은 다 들어 봐서 압니다. 아마 탕자의 비유만 해도 수십 번은 넘게 들었을 것입니다. 이미 교인의 머릿속에서는 탕자가 집에 돌아와 있는데도 목회자는 탕자가 집을 나가는 것에서부터 설교를 시작합니다. 그 과정을 아주 상세하고 진지하게 시간을 질질 끌면서 이야기해줍니다. 그러면 교인들은 답답하고 지루해 몸을 비틀 겁니다. 교인들은 벌써 결론을 가지고 있는데, 그 설교를 듣고 있자니 얼마나 힘들겠습니까!

이처럼 설교를 듣고 이해하는 분위기가 과거와 비교해 많이 달라졌습니다. 똑같은 메시지를 전해도 그것을 받아들이는 대상이 옛날과 지금이 다릅니다. 얼마 전 우리 교회 원로목사님과 대화를 나누었는데 "요즘 젊은 목사님들은 다 잘해요. 어떻게 그렇게 잘들 하는지…"라고 말씀하셨어요. 그래서 "요즘에는 좋은 책이 많이 나와 있어서 그것만 참고해도 좋은 설교가 나옵니다. 수십 년 전만 해도 볼 수 없던 책들, 주석이 충실하게 달린 두꺼운 번역서를 비롯해 교회의 부흥 역사를 다룬 책도 많이 출간되어 있고요"라고 대답했습니다. 그만큼 설교를 준비할 때 여러 방면으로 도움을 받을 수 있는 환경이 마련되었다는 뜻입니다.

우리는 인터넷 시대를 살고 있습니다. 목회자들은 이 사실을 잊지 말아야 합니다. 다양한 설교와 성경 지식이 인터넷에 쫙 깔려 있습니다. 그래서 설교를 철저히 준비하지 않으면 성도들로부터 냉담한 반응을 받을 수밖에 없습니다. 절대로 청중을 무시해선 안 됩니다. 목회자는 성도들이 요즘 무엇에 관심을 갖고 있는지 알아야 합니다. 성도마다 주의 깊게 듣는 영역이 따로 있기 때문입니다. 목회자가 중요하게 여기는 것과 성도들의 관심사는 다릅니다. 그러므로 이것을 어떻게 연결시켜야 할지 깊이 고민하고 생각해 봐야 합니다.

설교의 요소에서 청중만큼 중요한 것도 없습니다. 청중 가운데 직장인, 학생, 청년, 장년 등 다양한 부류가 있는데 그들에게 어떤 말을 해주겠습니까? 다양한 청중에 대한 이해가 없다면 어떤 사람에게 상처를 줄 수도 있고, 전혀 관심 없는 주제를 갖고 설교할 수도 있습니다. 설교자가 다양한 신문과 잡지를 읽고 시사에도 관심을 가지면서 성도들의 마음을 정확하게 읽어내는 과정을 거치지 않으면 허공에 대고 소리치는 사람이 될 가능성이 높습니다. 성도들의 고민이 무엇인지 계속 생각하면서 그들과의 교감을 잃지 않도록, 그들과 유리되지 않은 설교자가 되도록 매일 정진해야 합니다.

부모의 마음이 필요합니다

목회자의 설교가 뭔지 생각해 볼 필요가 있습니다. 먼저 목회는 돌봄입니다. 목자가 양들을 돌보듯 성도들을 돌보는 것입니다. 이때 가장 중요한 일은 설교를 통해 성도들의 영혼을 살피는 돌봄입니다. '어떤 설교를 하느냐'도 중요하지만 말씀을 통해 성도들의 영혼을 만족시키는 것이 더 중요합니다. 양의 영혼을 책임져야 하는 목자는 양에게 가장 현실적인 꼴을 먹일 수 있어야 합니다.

성도들의 삶은 절박하고 처절하기까지 합니다. 매일이 위기 상황이고 고통 가운데 위태롭게 서 있습니다. 실패를 거듭해 얼굴에 슬픔이 가득합니다. 이런 사람들을 돌보는 사역 가운데 가장 중요한 것이 강단에서의 설교입니다. 설교자는 목회자입니다. 성도들을 사랑하는 목회자입니다. 설교는 사랑의 행위로, 성도들을 사랑해야 좋은 설교를 할 수 있습니다. 양 떼를 사랑하면 설교가 달라집니다. 책상 위에서 만들어진 설교, 지적 설교로는 청중에게 다가갈 수 없습니다. 가슴에서 우러나는 설교, 사랑이 묻어나는 설교를 해야 합니다.

여기서는 엄마의 마음이 굉장히 중요합니다. 엄마가 만들어 준 집밥에는 엄마의 마음이 담겨 있습니다. 집밥은 호텔 뷔페나 레스토랑에서 먹는 만찬과 비교하면 근사해 보이진 않습니다. 그러나 잘 차려진 음식이 있어도 결국 그리운 것은 엄마의 정성이 담뿍 담긴 된장찌개, 김치찌개 아닙니까? 엄마의 음식은 투박해 보여도 가족의 영양을 고려한 최고의 음식이기 때문입니다.

우리 모두는 엄마가 해준 밥을 먹고 자랍니다. 설교도 이와 같습니다. 담임목회자보다 성도들에 대해 더 잘 알고 그들의 영혼을 책임져 주고 그들에게 필요한 양식을 제공해 줄 수 있는 사람은 없습니다. 외부 설교자들에게 의존하면 문제가 생깁니다. 가끔 외부 강사를 초빙하는 것은 괜찮지만 성도들이 그것에 익숙해지면 입맛을 버리게 됩니다. 외식이 입에 맞으면 집밥을 먹지 않으려고 합니다. 그러나 자극적인 음식만 먹다 보면 결국 병들고 맙니다.

현란한 수사나 제스처를 사용하고 유식하게 원문을 언급하는 설교는 고급 레스토랑의 분위기가 날지 모르지만, 그런 분위기가 늘 좋은 것은 아닙니다. 성도들에게는 마음 따뜻하고 편안하고 자연스러운 설교가 좋은 설교입니다.

설교를 너무 잘하려고 하는 생각은 위험합니다. 설교자는 그런 욕심을 경계해야 합니다. 설교를 잘하려고 할수록 더 많은 실수를 저지르게 됩니다. 설교자들은 설교를 잘하는 것에 관심이 많고 자신이 훌륭한 설교자로 드러나기를 바지만, 청중은 설교자가 생각하는 것보다 설교자에게 관심이 없습니다. 설교자에게 관

듣는 설교를 하는 사람인가?

심이 있는 게 아니라 하나님의 말씀에 관심이 있습니다. 그저 하나님의 말씀을 듣고 싶을 뿐입니다.

진실함과 겸손함이 묻어나야 합니다

설교자의 성품에는 진실함이 필요합니다. 설교에 진실함이 묻어 나와야 합니다. 진실함은 설교자의 삶과 말씀의 부딪힘 속에서 토해 내는 고백이기 때문입니다. 내용과는 별개의 문제입니다.

만약 이 부분이 안 되어 설교를 포장하면 그 설교는 죽은 것과 같습니다. 영적 세계에서 설교는 전쟁입니다. 만약 준비한 것이 없으면 그만큼만 하고 내려오면 됩니다. 부풀리지 말아야 합니다. 바빠서 설교 준비를 충분히 하지 못했다면 일찍 마치면 됩니다.

설교를 가볍게 준비하자는 말이 아닙니다. 오히려 이에 대해 진지하게 접근하자는 의미입니다. 설교든 목회든 상담이든 심방이든 신실함과 진실함이 부족하거나 성품에 문제가 있으면 일이 터집니다. 기억해야 합니다. 처음은 실력으로 시작하는 것 같아도 결국 성품으로 귀결됩니다. 성품은 설교자의 삶에서 서서히 드러나기 때문입니다.

이런 부분에서 설교자는 자신의 상처를 승화시킬 수 있어야 합니다. 성질을 다 드러내면 안됩니다. 교인들과 대립하는 순간 패배한 것과 다름없습니다. 그들에게 설교가 전해지지도, 영혼이 변화되지도 않을 것이기 때문입니다. 설교자는 성도에게 어떤 소리를 들어도 아무 일도 없었다는 듯 편안한 얼굴로 강단에 서야 합니다. 주중에 성도들에게 받은 상처가 강단 위에서 그대로 드러나는 설교자가 있습니다. 그 내용이 누구와 관련된 것인지 온 성도가 다 아는데도 아랑곳하지 않습니다. 이런 문제가 쌓이다 보면 결국 그 설교로 인해 목회는 어려움에 봉착하게 됩니다.

목회자는 자신의 내면을 면밀하게 살피고 성실하게 들여다보는 노력이 필요합니다. 그리고 그것을 설교에 담아 전해야 합니다. 자신의 문제는 오로지 하나님 앞에서만 드러내고 철저히 기도로 삭여야 합니다.

일반적으로 교회에서 담임목회자가 부임하면 3년은 허니문이라는 말이 있습니다. 3년 전까지는 잘 모르지만 그 이후에는 목회자의 성품이 다 드러납니다. 숨기려고 해도 숨길 수가 없습니다. "안에서 새는 바가지 밖에서도 샌다"고 하듯 아무리 포장하려고 해도 목회를 하고 성도들을 대하다 보면 어느 순간 목회자의 성품이 드러나게 됩니다.

모든 리더는 2개의 명찰을 단다고 합니다. 하나는 정직함이고 또 하나는 겸손함입니다. 이 두 가지는 목회자를 판단하는 중요한 기준이 됩니다. 보이지는 않지만 보이는 다른 어떤 것보다 더 중요합니다. 목회자의 도덕적 인격과 도덕적 권위, 그곳에서 설교의 권위가 나오기 때문입니다.

설교에 무엇이 드러나고 있습니까? 해결되지 못한 내면의 상처입니까? 아니면 기도로 삭힌 도덕적 인격입니까?

듣는 설교를 하는 사람인가?

무엇이 드러나야 합니까?

설교자는 자신을 드러내기 위해 애쓸 필요가 없습니다. 자신이 얼마나 탁월한 설교자인지를 드러내려고 욕망하지 말라는 뜻입니다. 또한 설교자는 과도한 행동이나 말을 삼가야 합니다. 설교를 통해 드러나야 할 분은 설교자가 아니라 그리스도이심을 잊지 말아야 합니다. 설교자에게는 "그는 흥하여야 하겠고 나는 쇠하여야 하리라"(요 3:30)는 마음이 있어야 합니다. "이 말씀을 통해 이 종은 감추시고 그리스도만 드러나게 해주십시오"라는 고백이 있어야 합니다.

여기서 설교자의 태도가 어떠해야 하는지 정리하면 다음과 같습니다.

첫째, 너무 잘하려고 해서는 안 됩니다. 위대한 설교는 없습니다. 너무 잘하려고 하는 태도는 위험합니다. 하나님이 주시는 은혜 앞에 겸손하게 나아가는 게 중요합니다.

둘째, 교인들을 사랑하는 마음이 있어야 합니다. 설교를 통해 사랑의 마음이 전달되어야 합니다. 복음의 메시지를 들을 때 청중이 '목사님이 우리를 사랑하는구나'라는 마음을 느낄 수 있어야 합니다. 예를 들면 "간음하지 말라"는 메시지를 선포할 때 굉장히 날카로운 지적과 훈계를 하게 되는데, 그 가운데서 사랑의 마음이 느껴지면 청중은 '우리를 사랑하기 때문에 이런 말을 하는구나'라고 받아들이게 됩니다. 십계명의 율법을 다룰 때도 마찬가지입니다. 아무리 날카로운 메시지일지라도 거기에 사랑이 담기면 성도들은 목회자가 자신들을 사랑하기 때문이라는 사실을 저절로 깨닫습니다. 설교자가 애정을 담아 외치고 있다는 것이 자연스레 느껴집니다. 그런데 사랑의 마음을 느끼지 못하면 복음은 단순한 율법이 되고 맙니다.

셋째, 설교에 진실성이 담겨 있어야 합니다. 말만 잘하는 것은 위험합니다. 말은 잘하는데 설교에 진정성이 느껴지지 않는다면 설교자는 '말쟁이'가 되고 맙니다. 요즘 청중이 목회자에게 요구하는 모습은 바로 진정성 있는 태도가 아닐까 생각합니다. 말은 조금 어눌해도 진정성을 가지고 청중을 대하면 그것이 바로 훌륭한 설교입니다.

듣는 설교를 하는 사람인가?

Chapter 2

먼저 청중을 이해하라

성도를 정확히 이해해야 그들의 심장에 하나님의 말씀을 꽂을 수 있습니다. 최근 성도들이 어떤 것에 관심을 가지고 있는지, 성도들이 무엇에 가장 많은 에너지를 쏟아 붓고 있는지, 무엇을 두려워하는지, 무엇을 주의 깊게 듣고 있는지를 염두에 두고 하나님의 말씀을 가져가야 합니다. 이것은 예민한 문제입니다. 대단한 메시지를 가지고 있어도 청중과 초점이 맞지 않으면 허공을 치는 설교가 될 수 있기 때문입니다. 청소년을 대상으로 한 설교를 어른에게 하거나 어른 대상의 설교를 청소년에게 하면 먹히지 않습니다. 타깃을 정확히 삼으려면 전하는 대상에 대한 이해가 선행되어야 합니다.

무엇에 관심이 있는지를 알아야 합니다

오늘날 청중은 저마다 다양한 상황에 처해 있습니다. 그러므로 이혼, 별거, 독신, 구직, 실업 등 그들이 처한 상황에 대한 이해가 필요합니다. 이를 위해서는 심방이 좋습니다. 심방에서 해야 할 일은 그들의 이야기를 듣는 것입니다. 듣는 가운데 그들을 이해하고 '아, 이것을 어떻게 하나님의 말씀과 연결시킬까'를 고민해야 합니다.

그리고 요즘 트렌드를 이해해야 합니다. 이를 위해 개인적으로 여러 잡지를 읽거나 전혀 다른 장르의 책을 읽기도 합니다. 사람들의 관심이 다양해서 어떤 부분을 공통분모로 끄집어내어 대중이 공감할 수 있는 설교를 할 것인지 판단해야 합니다.

성도들에 대한 이해가 없으면 설교자 혼자 변죽만 올리게 됨

듣는 설교를 하는 사람인가?

니다. 성도들은 설교자의 얘기가 마음에 와 닿지 않습니다. 맞는 말씀이긴 한데 자꾸 허공으로 날아가 버립니다. 다 듣고 나면 그저 멍해집니다. 사람들에게 말씀을 제대로 전달하지 못한 것입니다. 즉 배달에 실패한 것입니다. 가슴에 파고들지 못하고 허공만 치고 만 것입니다. 따라서 목회할 때는 성도들의 관심 분야, 고민하는 문제가 무엇인지 항상 염두에 두어야 합니다.

같은 날의 예배도 시간에 따라 오는 성도가 다릅니다. 각 대상에 맞는 주제를 정해 설교 준비를 해야 합니다. 하나님의 말씀과 백성 사이를 어떻게 이어줄 것인가 하는 과제에서 말씀 전달의 부분은 성도의 삶에 대한 이해가 꼭 필요합니다. 단지 시사적인 앎이 아니라 성도들의 관심과 고민 속으로 들어가야 합니다. 쉽게 답을 찾아내어 결론을 내리려 하지 말고 오래 마음속에 가지고 있으면서 말씀과 연결시키려는 노력을 거쳐야 합니다.

이를 위해 대중적인 소설, 최근에 출간된 작가들의 이슈가 되는 작품을 읽으면 도움이 됩니다. 저는 문학평론집을 많이 읽습니다. 저명한 평론가들의 평론집을 읽으면 작품의 세계를 작가보다 더 치밀하고 정확하게 분석하고 있어 관점을 세밀하고 날카롭게 다듬는 작업에 도움을 줍니다.

트렌드를 읽는 눈이 필요합니다

최근에 이슈가 된 《90년생이 온다》를 읽으면서 90년대 생이 우리와 전혀 다른 세대라는 것을 알게 되었습니다. 그들은 기성세대와 완전히 다른 의식 구조를 가지고 있습니다. 과연 그들이 추구하는 것은 무엇일까요? 90년대 생이 가장 선호하는 직업이 공무원이라는 사실은 우리에게 많은 것을 말해 줍니다. 9급 공무원 시험에 많은 사람이 몰리는 이유는 돈을 많이 벌기 위한 것이 아니라 일하면서 자기만의 삶을 살고 싶기 때문입니다.

소설가 조남주의《82년생 김지영》도 마찬가지입니다. 이 소설이 큰 영향을 끼치고 있는 것은 그것이 그들 세대가 처한 현실 그 자체이기 때문입니다. 우리 교회 안에서만 봐도 30, 40대는 삶이 쉽지 않은 세대입니다. 교인들 가운데 중간 부분, 허리를 차지하는 사람들로, 그 세대를 정확하게 이해하지 않으면 아무리 설교를 잘해도 허공을 치는 것으로 끝나고 맙니다.

지금은 목회자 중심으로, 목회자가 일방적으로 끌고 가는 시대가 아닙니다. 성도의 말에 귀를 기울여야 합니다. 그런 점에서 심방은 설교에서 굉장히 중요한 통로가 되고 중요한 역할을 합니다. 성도들이 무엇에 관심이 있고 무엇에 돈과 정성을 쏟는지 아는 것은 한 마디로 트렌드를 읽을 줄 안다는 뜻입니다. 해마다 출간되는 김난도 교수의《트렌드 코리아》를 읽어 보면 도움이 됩니다. 그리고 주간지나 월간지 등에서 설교의 정보를 얻을 수도 있습니다.

요즘 청중은 영상에 익숙합니다. 핸드폰과 인터넷, 다양한 미디어, 수백 개의 채널을 돌려 가며 보는 세대입니다. 이런 상황에서 어떤 설교자로 서 있어야 하느냐에 대해 고민이 많아졌습니다. 설교자는 이전의 방식으로 목회할 수도 없고, 이전의 방식으로 무작정 설교할 수도 없는 시대가 되었다는 것을 전제로 하고 강단에 서야 합니다.

듣는 설교를 하는 사람인가?

까다로운 청중 이해하기

이제 설교와 청중에 대해 이야기하려고 합니다. 앞서 설교할 때 대상에 대한 고려가 중요하다고 말했습니다. 그러나 대상에 너무 치우쳐도 문제가 됩니다. 다만 설교에서 청중을 무시하는 것은 더 큰 문제라고 할 수 있습니다. 설교와 청중의 관계는 이런 이중성이 있습니다.

설교는 청중에게 말씀을 전달하는 것입니다. 이 목적을 이루기 위해서는 무엇보다 설교를 듣는 청중에 대한 이해력이 뒷받침되어야 합니다. 오늘날 청중은 예전과 비교해 굉장히 까다롭습니다. 예전에는 지금처럼 복잡한 사회가 아니라 설교자가 강단에 서면 조건 없이 "아멘" 했습니다. 설교자에 대한 경외심과 목회자에 대한 존경심이 있었습니다. 그러나 지금은 그렇지 않습니다. 설교에 대해 저항하는 청중이 늘어났을 뿐 아니라 무조건 "아멘" 하지도 않습니다. 조금이라도 마음에 거슬리면 설교를 듣다가 자리를 박차고 나가버립니다.

반면에 오늘날 청중은 성경을 너무 모릅니다. 성경을 읽지 않기 때문입니다. 성경 한 절도 안 읽고 주일예배에 나와 앉아 있는 사람이 많습니다. 그런 사람들에게 설교를 통해 하나님의 말씀을 하나님의 말씀으로 받아들이게 하는 일을 설교자가 해야 합니다.

그러려면 설교자는 단순히 하나님의 말씀에 대해 말하는 것이 아니라 지금 하나님이 말씀하시는 것으로 듣도록 만들어야 합니다. 설교자를 통해 하나님의 말씀이 선포되고 있다고 생각하도록 만드는 설교를 해야 합니다. 굉장히 까다롭고 위험하고 반(反) 하나님적인 저항 문화 가운데서 하나님의 말씀이 지금 우리에게 임하고 있음을 깨닫게 하는 설교자가 되려면 그 어느 때보다 많은 대가를 지불해야 합니다. 각고의 노력을 기울여야 한다는 뜻입니다.

이런 노력의 일환으로 먼저 설교자 자신이 제1의 청중이 되어야 합니다. 하나님의 말씀을 받는 최고의 청중으로 설교자 자신이 남아 있어야 한다는 얘기입니다. 하나님의 말씀 앞에선 두려움과 떨림이 있어야 합니다. 과연 자신이 하나님의 말씀을 하나님의 말씀으로 대하고 있는지 매일같이 질문해야 합니다. 설교자가 하나님의 말씀에 정직한 청중으로 남아 있지 않으면서 교인들이 자신의 설교를 하나님의 말씀으로 받아들이게 한다는 것은 불가능한 일입니다. 이것이 설교자에게 지워진 큰 과제입니다. 많은 설교자가 여기에서 벗어나 있습니다. 설교자는 쉽게 설교하려고 해선 안 됩니다. 말씀 앞에서 두려워 떠는 겸손한 태도가 필요합니다.

청중의 삶 공감하기

목회에서 가장 중요한 사역은 돌보는 성도들을 충분히 이해하는 것입니다. 설교에서는 '이해'가 굉장히 중요한 부분을 차지합니다. 설교가 허공을 치는 것은 사람과 상황에 대한 이해가 없어서일 수 있습니다. 설교의 텍스트에는 문제가 없지만, 텍스트를 전달하는 데 있어 현실에 대한 이해가 결여되어 있는 것입니다. 성경과 신학, 연구에 있어서는 뛰어나고 깊이가 있지만 현실에 대한 이해력이 깊지도 않고, 알려고 노력하지도 않는 겁니다.

듣는 설교를 하는 사람인가?

한번은 새벽예배가 끝나고 자유롭게 기도하는 시간에 60대 초반의 성도가 강단 앞에서 무릎을 꿇고 "하나님, 너무 추운데 도대체 언제까지 장사를 해야 합니까?" 하며 아주 현실적인 기도를 하는 모습을 본 적이 있습니다. 목회자로서 그 성도의 상황에 아픔이 밀려왔습니다. 그 성도가 자신의 아픔을 하나님께 표현하는데 마음이 아파서 다른 기도를 할 수 없었습니다. '오늘도 차비가 없어서…' 이것이 성도들의 현실일 수도 있겠다는 생각 때문입니다.

유진 피터슨은 "책상 위의 신학이 아닌 시장터의 신학"이라고 말했습니다. 설교자에게는 인간, 시대 상황, 문화에 대한 이해가 필요합니다. 심방을 하는 중요한 이유 중 하나가 성도들의 형편을 돌아보고 이해한 후에 그 상황에 맞게 예배를 드리기 위함입니다. 거기서 더 나아가 오늘 현실을 살아가는 성도들의 가슴 깊은 곳에서 외치고 있는 탄식과 절규가 무엇인가, 그들의 절망과 아픔이 무엇인가를 찾아내는 것이 중요합니다.

탁월한 작가의 작품을 보면 한 사람의 내면을 아주 깊이 있게 뽑아내는 것을 발견할 수 있습니다. 이와 비교할 때 목회자인 우리는 참 둔하다는 생각이 들어 한탄할 때가 많습니다. 상황과 현실에 대한 이해가 선행되지 않으면 설교에 공감이 형성되지 않습니다. 성도들의 마음속으로 메시지가 치고 들어갈 수가 없습니다.

오늘날 소통보다 중요한 게 공감입니다. 공감을 얻어내지 못하는 설교자는 성도와 하나 될 수 없습니다. 같은 시간, 같은 장소에 함께 있어도 저마다 다른 생각을 하는 것입니다. 목회자는 성도들과 내면의 깊은 교감이 있어야 합니다. 그러려면 사람에 집중해야 합니다. 한때 철저한 본문 중심의 설교를 하려고 노력했습니다. 그런데 어느 시점부터는 인간 이해가 빠진 철저한 본문주의의 설교가 허공을 치고 있음을 깨달았습니다.

"목사님, 아무리 그렇게 말해도 우린 몰라요."

설교자는 인간을 이해하기 위한 노력을 해야 합니다. 그러기 위해서는 가슴 깊은 것을 털어놓을 수 있는 대화의 장이 필요합니다. 교인들과 만날 때 자신에게 속마음을 털어놓는지, 부끄러운 부분을 숨기려 하는지 한번 점검해 보기 바랍니다. 또한 영혼을 돌아보는 과정을 통해 결국 설교자인 자신도 완벽한 존재가 아니며, 하나님 앞에서 순례자로 고뇌하고 힘들어하는 인간일 뿐임을 드러낼 수도 있어야 합니다. 그때 교감과 공감이 오가고 교통이 일어나면서 설교의 메시지가 영혼에 스며드는 것입니다.

설교는 목회자 자신이 잘한다고 잘하는 게 아닙니다. 음식점 주인이 "우리집 음식이 이렇게 맛있는데 왜 손님이 안 오는 거지?" 하면 곤란하지 않겠습니까? 음식이 주인의 입에만 맞으면 어떡합니까? 손님의 입맛에 맞는 게 중요합니다.

인본주의적 설교를 하라는 말이 아닙니다. 성도들을 이해함으로써 그들의 귀에 들리는 공감의 설교를 하라는 말입니다.

듣는 설교를 하는 사람인가?

Q&A
설교를 준비하면서 생기는
여러 가지 질문

Q. 설교 피드백은 어떻게 하는 것이 좋을까요?

설교 피드백은 가장 확실한 피드백을 해주고, 마음이 상해도 다시 회복하도록 용기를 주면 좋습니다. 설교 내용에 대해 비판하거나 칭찬을 할 수 있고 발음을 교정해주거나 너무 자주 써서 식상한 표현 등을 말해줄 수도 있고요.

사실 설교자의 입장에서는 누군가 지적하면 기분이 나쁘지만 그렇게 해줄 사람은 한 사람밖에 없잖아요. 비판해도 절대 교회를 떠나지 않을 유일한 성도가 사모예요.

사실 자기 설교에 만족하는 설교자는 없습니다. 자기 설교에 은혜를 받는 설교자도 많지 않습니다. 물론 말씀을 준비할 때 가슴이 뜨거워지고 은혜 받는 일은 있죠. 그런데 일반적으로 설교에 대한 만족도는 낮아요. 개인적으로도 설교에 만족을 느낄 수가 없습니다. 한 번 더 듣는 것도 어려워요. 그래도 피드백이 필요해서 앞부분을 조금 듣기는 하지만 잘 챙겨 듣지 않습니다. 설교를 워낙 많이 해서도 그렇고, 자기 설교에 만족하기도 어려워서도 그렇습니다. 너무 쉽게 만족해서도 안 되지만 말입니다.

레오나르도 다빈치가 미완성 작품을 많이 남긴 이유가 스스로 만족스럽지 않았기 때문이라고 합니다. 웬만한 작가들은 만족하고도 남을 작품임에도 불구하고 스스로 만족스럽지 않았다는 겁니다. 완벽할 수도 없지만 자기 자신에 대한 거룩한 불만족이 좋은 설교를 만들어내지 않을까 하는 생각이 듭니다.

Q. 목사님은 성도들을 만나거나 접할 기회가 거의 없는데,
어떻게 감각을 유지하고 있는지 궁금합니다.

성도들을 직접 만나는 일이 많지 않은 것이 사실입니다. 그런데 이것이 성도들의 문제이기도 하지만 인간의 문제이기도 하잖아요? 어떤 사람이 이민 목회가 어떤 것이고, 뭐가 다른지 질문했다고 합시다. 우리나라에서 사는 사람과 호주에서 사는 이민자는 다른 면이 있습니다. 이민자로서 살아가는 삶의 독특성이 있죠. 그러나 더 크게 들어가면, 그 속을 들여다보면 똑같습니다. 인간이 겪고 있는 애환! 이민자는 굉장히 외로워요. 그렇다고 해서 우리나라에 사는 사람은 안 외로운가요. 자국에서 사는 사람도 똑같이 외로움을 느낍니다.

인간에 대한 본질적인 질문이라는 관점에서 목회자에게는 소설 읽는 것이 참 중요합니다. 간접적으로 다른 사람의 삶을 경험할 수 있기 때문입니다. 소설을 읽고 나면 그동안 자신이 몰랐던 새로운 경험을 한 기분이 들어요. 소설을 비롯해 문학 작품, 특히 고전을 읽으면 여러모로 도움이 됩니다. 톨스토이의 작품이 왜 오랜 세월 사람들에게 읽히는 고전이 되었을까요? 원초적인 주제를 다루고 있기 때문입니다. 죄의 문제에 대해 얼마나 깊이 있게 접근합니까! 그런 것을 보면 사람은 똑같다는 생각이 듭니다. 삶의 겉모양이 다양한 거죠. 고층 빌딩에 살거나 단독주택에 살거나 그 내면에 들어가 보면 겪는 것은 다 같습니다.

설교를 준비하면서 생기는 여러 가지 질문

제 설교의 접근 방식은 내면의 세계를 들여다보게 하는, 안으로 들어가는 작업이 많습니다. 예를 들면 욕망이라는 주제를 갖고 이야기한다고 합시다. 죄에 대해 이야기하고 있지만 욕망이라는 단어, 이것이 큰 주제죠. 선악과를 따 먹는 그 사건으로 출발된 인간이 가진 욕망의 문제. 그 욕망이 다양한 얼굴을 하고 나타나는 거잖아요? 그것을 어떻게 접근하면서 출발할 것인가? 이런 의미에서 다르지 않다는 거죠. 만나지 않아도 자기 안에 있는 욕망을 들여다보는 겁니다.

독서는 간접적 경험을 하게 만들어 줍니다. 베스트셀러가 좋은 책은 아니지만 대중이 읽고 있는 것이 뭔지, 대중이 무언가에 관심을 가지는지 키워드를 찾을 수 있습니다. 제가 쓴 책들 중에 《힐링 갓》은 많이 판매된 책인데, 대중에게 큰 관심을 받고 있는 '힐링'이라는 키워드를 쳤기 때문입니다.《그대, 느려도 좋다》는 '빨리빨리' 문화에 젖어 살고 있는 한국 사회에도 느림의 미학에 대한 갈망이 있으리라 생각하고 그 키워드를 치고 들어간 거예요. 목회자는 동시대를 사는 사람들의 관심이 무엇인지 등 끊임없이 들여다보는 노력을 해야 합니다.

Q. 설교자는 자신이 전한 설교에 은혜를 받았지만
청중이 은혜를 받지 못할 때는 어떻게 해야 하나요?

예를 들면 식당 주인이 자기 가게의 음식이 최고로 맛있는데 사람들이 왜 안 오느냐고 말하는 것과 비슷하지 않을까요? 자신이 은혜를 받았다는 말에 대해 긍정적인 부분을 본다면 말씀을 준비할 때 자신이 은혜를 받았다는 이야기겠죠. 이것이 설교자 자신의 착각이 아니라면, 설교를 준비하는 과정에서 충분히 은혜가 되었다면 지금 당장 은혜를 받지 못한다고 해도 세월이 흐르면 은혜 받는 날이 오리라고 믿어야 합니다. 다만 주변 사람들의 피드백을 꼭 받아 보기를 권면합니다.

Q. 목사님에게 영향을 준
설교자와 사상가는 누구입니까?

특별히 영향을 받았다고 말할 수 있는 사람이 떠오르지는 않습니다. 한 가지 이야기하자면 설교가 중요하다는 것에 대한 인식, 설교자에 대한 관심을 나름대로 가지고 달려왔다는 생각이 듭니다. '저런 부분은 나도 닮고 싶어'라는 사람은 조금씩 바뀌더라고요. 어느 때는 '저런 설교가 참 좋구나'라는 생각이 들다가 어느 때는 '이런 설교도 괜찮네'라고 바뀝니다.

설교를 준비하면서 생기는 여러 가지 질문

주로 사람보다는 책을 통해 많이 영향을 받았다는 생각이 듭니다. 그리고 설교 자체보다 설교의 구성과 내용이 좀 맞는다는 생각이 드는 설교자들의 책을 많이 봤는데, 영국보다는 미국 쪽의 설교자가 많아요. 마틴 로이드 존스의 영향을 안 받은 사람이 없겠지만, 이런 개혁주의 신앙이 가진 본질적인 문제, 죄의 문제를 깊이 있게 다루는 설교를 좋아합니다. 그리고 설교의 패턴이 그런 쪽으로 가고 있다고 생각합니다.

Q. 설교에서 예화를 사용했을 때 장점과 단점은 무엇이 있을까요?

예화 자체에 대한 개념이 별로 없는 편이에요. 의도적으로 설교 안에 예화를 넣는 경우가 없습니다. 설교에 있어 가능하면 본문을 전개해 가는 방식을 선호합니다. 예화를 집어넣으면 정작 설교의 내용이 확 줄어들어요. 예화 두 개 하면 설교가 끝나는 경우도 있습니다. 그러면 설교가 너무 쉬워지죠.

개인적으로 철저하게 텍스트를 존중하는 설교를 합니다. 예화를 넣더라도 가능하면 그 성경 본문 안에서 자연스럽게 지나가거나 어떤 의도성 없이 자연스럽게 매칭하는 것이 필요하다고 생각하는 설교자가 있을지 모르지만, 저는 의도적으로 예화를 많이 안 쓰려고 해요. 그러나 가슴을 따뜻하게 만들어 주는 시의적절한 예화는 나쁘지 않다고 생각해요.

어떤 사람들은 설교에서 예화는 창문과 같다고 이야기하잖아요? 창문을 적당히 열고 환기시키는 작업도 필요해요. 창문이 없으면 답답해질 수 있기 때문이죠. 그런데 창문이 너무 많으면 주위가 산만해지고 바람이 불거나 하면 건물이 위험해질 수도 있어요. 무엇이든지 적당한 것이 가장 좋겠지만, 개인적으로 예화에 대해서는 소극적입니다.

Q. 설교자 개인의 사건과 내면을 예화로 사용하는 것에 대해 어떻게 생각하나요?

개인적으로는 설교자 개인의 사건과 내면의 이야기를 예화로 사용하는 것을 자제하려고 합니다. 말씀이 말씀 그대로 드러나게 하는 것에 집중하려는 것입니다. 개인적 이야기는 주관적이기에 객관적인 말씀이 주는 파워를 대신할 수 없다고 생각합니다.

설교를 준비하면서 생기는 여러 가지 질문

Q. 어떻게 해야
문장력을 키울 수 있나요?

독서밖에 없습니다. 그러나 글쓰기에 관련된 책은 도움이 안 된다고 생각합니다. 그냥 다양한 책을 많이 읽는 것이 중요해요. 책상에서 설교 준비를 하고 신학적인 책을 읽다 보면 언어가 딱딱해질 수 있습니다. 그래서 언어를 순화하고 부드럽게 하고 어휘력이 풍성해지려면 문학적인 책이 필요합니다. 고난주간이나 절기에는 판에 박힌 설교를 할 것이 아니라 또 다른 접근, 평소와 다른 어휘 구사가 필요하죠. 이때는 좋은 책들을 많이 읽어서 다양한 표현을 혀에 익게 하는 것도 좋다고 생각합니다. 문장력을 키우는 방법은 독서하는 것밖에 없는데, 그와 관련된 책을 선택하는 데 있어서는 설교자의 지혜가 필요합니다.

Q. 부교역자 시절에 좋은 목회자가 되기 위해 노력했던 부분이
있다면 무엇인가요?

성경 강해, 성경 묵상 등에 관심이 있어 이와 관련된 좋은 세미나를 쫓아다녔어요. 데니스 레인(Denis Lane) 목사의 에스겔서라던가 아브라함 설교집이 있습니다. 한번 읽어 보길 바랍니다. 강해 설교로도 좋고요. 그리고 우리나라에《매일성경》을 도입하고 성서유니온을 통해 큐티 사역을 확산시킨 윤종하 총무님이 성경 본문을 가지고 강의를 했는데 그냥 빠져듭니다. 부교역자로 있을 때 우리 교회 교역자들과 장소를 빌려 일주일 동안 하루 종일 성경 공부를 하도록 주선하기도 했어요.

말씀의 비경 안에 빠져들어 가는 경험을 할 수 있다면 물불을 가리지 않고 쫓아다녔어요. 성서유니온의《매일성경》집필 과정 코스를 거쳐《매일성경》집필에도 참여하고, 지도자 과정을 밟는 등 줄기차게 다닌 좋은 추억들이 있습니다.

Q. 묵상을 통해 통찰을 얻는
목사님만의 방법이 있나요?

여러 가지가 있겠지만 개인적으로 꼭 메모를 하라고 권합니다. 나중에 끄집어내어 사용할 수 있는 낙서장 같은 자기 방식의 노트가 있으면 나중에 따로 정리할 필요가 없습니다. 평소 시간이 날 때마다 기록해 놓는 것이 무엇보다 중요합니다. 기록은 묵상에 불을 지릅니다. 언어가 언어에 불을 지릅니다. 기록해 놓지 않으면 나중에 기억이 나질 않습니다.

기록하는 습관은 매우 중요합니다. 묵상이 깊으면 묵상 자체만 잘 정리해도 설교가 됩니다. 묵상은 가슴에서 나온 것이기 때문에 성도들의 영혼에 툭 던지는 것이 있습니다. 연구와 강의는 머리를 치고, 설교는 머리와 가슴을 동시에 칩니다. 묵상은 시간이 많이 필요합니다. 평소 묵상하는 습관을 들여야 하고, 말씀 앞에 계속 시간을 들여 머물러 있어야 합니다. 산책할 때도 계속 말씀을 가지고 있어야 합니다.

Q. 설교 준비 과정에서 성경 묵상과 독서의 비율을 어느 정도로 하면 좋을까요?

정확하게 비율을 이야기하기는 어렵습니다. 개인적으로 사역 초기에는 아무래도 일반서적보다 성경과 관련된 책을 많이 읽었습니다. 그런데 요즘은 책을 구입할 때 기독교 책와 비교해 만만치 않게 일반서적을 구입하고 있습니다.

비율을 굳이 이야기하자면 3:7 정도 될까요? 7이 성경이고, 3이 독서입니다. 그런데 목회를 하다 보면 섞입니다. 일반 도서를 읽어도 설교와 다 연결되고 묵상에 도움이 되기도 하고요. 일반 도서를 읽으면서 설교에 대한 통찰이 생기고 어떤 성경 구절이 생각나기도 합니다. 그러면 곧장 메모해 놓습니다.

어느 때는 성경을 읽고 묵상할 때 일반서적이 생각납니다. 열심히 읽었던 책들을 살펴보면 접어놓은 페이지가 많아요. 이렇게 하면 인상 깊게 읽었던 부분을 금방 펼쳐 볼 수 있습니다. 두 번 접어놓은 곳은 책을 펴면 그냥 펼쳐지죠. 별표를 해놓거나 메모를 해놓은 데도 있고요. 결국 크로스로 왔다갔다 하는데 다 연결됩니다. 어떤 책을 읽든지 간에 독서는 직간접적으로 말씀 준비에 도움이 됩니다. 전혀 도움이 안 되는 책은 거의 없습니다.

Q. 주해와 묵상을
어떻게 연결하는 게 좋을까요?

주해와 묵상은 기계적으로 분리되어 있다기보다 주해를 하다 보면 그냥 그 안에서 묵상이 이루어집니다. 기계적으로 딱 나눠 이 부분을 하고 그다음으로 넘어갈 수 있는 게 아니라 동시적으로 되는 것이라고 보면 됩니다. 설교 준비 작업이 뭡니까? 먼저 본문 앞에서 일단 시간을 보내야 합니다. 주해 책을 먼저 보면 안 됩니다. 본문 앞에서 기본적으로 시간을 보내야 해요. 단 5분이라도 말입니다. 본문 앞에 머물러 있은 뒤에는 본문 자체를 읽는 것이 중요하죠. 요즘 큐티 본문을 보니 하루 분량이 너무 많아요. 6~7절 정도를 택해 앞뒤로 설명해주고 배경만 일러주고 좀더 집중하도록 하면 좋습니다. 일단 본문에 충분히 시간을 할애해야 합니다. 본문에 머물러 있으면 어마어마한 세계가 열립니다. 이렇게 기본적인 것을 하고 나서 주해 작업에 들어갑니다.

설교를 준비하면서 생기는 여러 가지 질문

Q. 원고가 있는데 하나님의 감동이 있어
설교 방향이 틀어질 때가 있나요?

성령이 "오늘은 그것 하지 말고 이것 하라"고 하시면 그렇게 해야죠. 그런데 이런 일이 자주 일어나진 않습니다. 충실히 준비된 설교를 하는 것이 일반적인데, 어떤 경우에는 특별하게 강한 마음을 주셔서 이 부분을 내려놓고 다른 설교를 하기 원하시는 경우가 있을 수 있습니다. 그런데 이런 일이 항상 일어난다면 아예 준비를 안 해 가는 것이 낫죠. 그런 강한 마음이 있을 때는 그에 따르는 게 맞아요. 성령이 그렇게 하실 수 있으니까요. 이런 경우가 많이 있더라고요. 외국의 목사님들을 보면 그런 경우가 많아요.

설교 준비 과정이 만만하지 않다는 것을 다 알고 있을 거예요. 만만하게 생각하고 들어가기 어려운 세계이기 때문에 기본적으로 설교를 만들어 나가는 과정에서 지금 어떤 습관이 잡혀 있기도 할 거예요. 그런데 습관은 잘 안 바뀝니다. 설교 준비 과정이 몸에 배면 그것이 자리를 잡게 되죠. 누군가의 설교를 카피하는 것이 몸에 배면 담임목회를 10년, 20년 해도 그 행동을 계속합니다. 들통이 날 때까지. 설교를 스스로 만들 수 없기 때문이에요. 설교를 만드는 패턴과 습관이 완전히 굳어진 겁니다. 그러면 들통이 나도 못 바꿔요. 설교는 도박을 하는 것이 아니기 때문에 충실하게 준비해 나가야 합니다.

설교 준비에 얼마나 시간을 들이고 있나요? 물론 시간을 들인

다고 다 되는 것은 아닙니다. 그러나 일차적으로 시간을 들여야
해요. 시간을 들여야 한다는 말은 무슨 뜻일까요? 많은 부분을
잘라내야 한다는 뜻입니다. 설교자는 자기 육신의 본능과 싸워야
하고, 자신을 어디론가 밀어 넣어 고독의 방에서 창조의 작업을
해야 하죠. 창조라는 것이 원래 그렇습니다. 어느 때는 며칠이 지
나도 아무것도 나오지 않을 수 있어요. 그래도 그 시간을 버텨내
야 합니다.

　설교자가 멀쩡한 정신으로 창의력을 발휘하기 위해 노력한다
는 것은 쉬운 일이 아니에요. 1차적으로 자기를 고독의 방으로
밀어 넣어야 하는 시간과의 싸움이잖아요. 하나님과 독대하는 시
간이 많아야 하고요. 묵상하는 것도 마찬가지예요. 시간의 틀을
잡는 작업까지가 힘들어요.

　결국 시간의 틀은 설교자 자신이 짜잖아요. 느슨하게 짤 수도
있고 좀더 조밀하게 자신을 밀어 넣을 수도 있고요. '이건 너무
숨 막혀'라는 생각이 들면 좀 느슨하게 할 수도 있고요. '좀 힘들
어도 이렇게 하겠어'라는 결정은 설교자 자신이 내리는 거예요.
다른 사람들이 보면 숨이 막힐 수도 있는 환경 안으로 틀을 짜고
자신을 임의로 그 안으로 밀어 넣는 거죠.

　개인적으로는 그 안에서 지내는 것이 몸에 익어 그 루틴을 즐
기는 단계예요. 루틴을 즐길 수 있게 되니 지금은 혼자 너무 잘
지내요. 시간을 쓸 줄 알게 되고, 고독을 향유할 수 있게 된 거죠.
그러면 이제 뭐가 밀려와도 다 돼요. 모든 것을 따라가도록 몸도
훈련되었기 때문이에요.

　　　　　　　설교를 준비하면서 생기는 여러 가지 질문

기도도 마찬가지죠. 몸으로 훈련되어 있어요. 몸이 안 오려고 해도 훈련되어 있기 때문에 오지 않을 수가 없어요. 그래서 영성은 몸의 훈련까지 가야 해요. 그래야 자유로워지죠.

훈련되어 있으면 그때 자유로움이 옵니다. 모든 시간을 목회에 최적화되어 있는 환경으로 만들어 그 안에서 즐기고 있어요. 불편하지 않아요. 그리고 도와주는 사람까지 있으니 시간의 밀도가 몇 배로 높아졌어요. 직접 책을 찾지 않아도, 책 정리를 하지 않아도 되니 갈수록 제 시간에 집중력을 갖게 되었어요.

Q. 설교할 때 흑백 논리에 빠지지 말고 성도들의 질문에 깊이 들어가야 한다고 했는데, 강단에 서서 청중을 바라보면 흑백 논리를 가지고 있어 압박을 느낄 수밖에 없습니다. 목사님의 설교는 수많은 사람에게 전파되기에 이런 부담을 많이 느끼실 것 같은데 어떻게 해야 균형을 잡을 수 있나요?

설교자가 현실 상황에 지나치게 개입하면 논쟁거리를 만들 가능성이 높습니다. 청중에게 설교할 때는 원리를 기준으로 정확한 이야기를 해야 하는데, 너무 디테일게 적용하면 논란의 소지가 생깁니다.

그러나 성경이 가지고 있는 원리, 원칙, 중심된 사상, 가치관 등을 이야기해야 하죠. 좀더 노골적으로 이야기하고 싶다는 욕망이 일어날 때도 있습니다. 설교가 논란이 되고 설교자에 대한 선

입견이 생기면 말씀에 귀를 닫아버릴 수 있기 때문에 목회자는 그 부분에 대해 예민한 감각을 가져야 합니다.

저는 십계명으로 33주 동안 설교하면서 "간음하지 말라"는 설교가 가장 힘들었습니다. 이걸로 3주 설교를 했는데 분위기가 험악해지더라고요. 왜인가 하면 간음한 사람이 꽤 있거든요. 설교자는 원리를 제시할 때도 듣는 청중 가운데 다양한 사람이 있다는 것을 고려해 복음으로 싸매어주는 결론을 맺어야지 자칫하면 정죄감에 빠져 시험에 들게 만들 수 있습니다.

오늘날은 이런 부분에 있어 설교하기가 쉽지 않습니다. 청년들을 대상으로 설교할 때는 동성애와 같은 주제를 다루기가 가장 어렵습니다. 그런데 감사한 것은 시중에 이와 관련된 아주 지혜로운 책이 많이 나와 있습니다. 미국의 많은 교회가 이미 겪었던 것을 우리가 뒤늦게 겪고 있어 조금만 관심을 가지면 실제 사례를 바탕으로 정리한 이론과 사상을 담은 책이 많아서 참고하면 좋습니다.

설교자는 기본적으로 어떤 사람들에 대해 자신과 생각이 다를 때 무조건 터부시하거나 공격하거나 부정적인 태도를 가지기보다는 연민을 가지고 그들을 어떻게 복음으로 이끌어낼지 고민해야 합니다. 목회자의 애정 어린 태도가 필요한데, 그것을 단죄하고 흑백 논리로 가져가면 극좌니 극우니 하는 진영 논리에 빠지게 됩니다.

요즘 한국 사회에서 가장 어려운 것은 프레임화하는 것입니다. 프레임 전쟁이에요. 그런 관점에서 오늘날 한국 교회의 목회

설교를 준비하면서 생기는 여러 가지 질문

자에게 필요한 또 다른 영역이 있다면 세계관 전쟁입니다. 이와 관련된 책을 많이 봐야 합니다. '관'이라는 게 굉장히 중요합니다. 세계관에 대한 부분은 책을 읽으면 좋겠다는 생각입니다.